APRENDA
POWERSHELL

Dos Fundamentos às Aplicações Práticas

Diego Rodrigues

APRENDA POWERSHELL
Dos Fundamentos às Aplicações Práticas

Edição 2025
Autor: Diego Rodrigues

Publicado por StudioD21.

Nota Importante

Os códigos e scripts apresentados neste livro têm como objetivo ilustrar os conceitos discutidos nos capítulos, servindo como exemplos práticos. Esses exemplos foram desenvolvidos em ambientes personalizados e controlados, e portanto, não há garantia de que funcionarão plenamente em todos os cenários. É essencial verificar as configurações e personalizações do ambiente onde serão aplicados para assegurar seu funcionamento adequado. Agradecemos pela compreensão.

ÍNDICE

SAUDAÇÕES!

Olá, caro leitor!

Bem-vindo à sua jornada definitiva para dominar o **PowerShell**, a ferramenta essencial para automação, administração e gerenciamento avançado de sistemas. Se você chegou até aqui, é porque compreende a importância de aprimorar suas habilidades em automação, controle de fluxos de trabalho e administração eficiente de infraestruturas de TI.

Atualmente, a exigência por **profissionais capacitados em automação e gerenciamento de sistemas** nunca foi tão alta. Empresas buscam soluções que otimizem processos, reduzam erros operacionais e aumentem a segurança na administração de servidores, redes e ambientes em nuvem. O **PowerShell se tornou uma peça-chave nesse cenário**, proporcionando um ambiente poderoso para gerenciar sistemas Windows, Linux e macOS de maneira eficiente e escalável.

Este livro, **"APRENDA POWERSHELL – Dos Fundamentos às Aplicações Práticas"**, foi cuidadosamente estruturado para oferecer um aprendizado **progressivo, técnico e aplicado**, permitindo que qualquer profissional de tecnologia domine **do básico ao avançado**. Você encontrará desde **os conceitos essenciais**, como estrutura de comandos e cmdlets, até **técnicas avançadas**, incluindo administração remota, automação de tarefas e integração com outras tecnologias. Cada capítulo foi desenvolvido para apresentar **fundamentos estratégicos, práticas eficientes e erros comuns a serem evitados**, garantindo que o conhecimento adquirido possa ser aplicado imediatamente.

Seja você um **administrador de sistemas buscando**

mais eficiência, um desenvolvedor interessado em automação ou um profissional de TI querendo expandir sua expertise, este livro será um **guia completo para potencializar suas habilidades com PowerShell**.

Prepare-se para transformar sua abordagem na administração de sistemas, aprimorar sua produtividade e elevar sua capacidade de automação.

Boa leitura e sucesso na sua jornada com PowerShell!

SOBRE O AUTOR

www.linkedin.com/in/diegoexpertai

Autor Best-Seller, Diego Rodrigues é Consultor e Escritor Internacional especializado em Inteligência de Mercado, Tecnologia e Inovação. Com 42 certificações internacionais de instituições como IBM, Google, Microsoft, AWS, Cisco, e Universidade de Boston, Ec-Council, Palo Alto e META.

Rodrigues é expert em Inteligência Artificial, Machine Learning, Ciência de Dados, Big Data, Blockchain, Tecnologias de Conectividade, Ethical Hacking e Threat Intelligence.

Desde 2003, Rodrigues já desenvolveu mais de 200 projetos para marcas importantes no Brasil, EUA e México. Em 2024, ele se consolida como um dos maiores autores de livros técnicos do mundo da nova geração, com mais de 180 títulos publicados em seis idiomas.

APRESENTAÇÃO DO LIVRO

A automação e administração de sistemas nunca foram tão estratégicas. Com infraestruturas cada vez mais complexas e a necessidade de eficiência operacional, o PowerShell tornou-se uma ferramenta indispensável para profissionais de TI. Este livro foi estruturado para proporcionar um aprendizado prático e progressivo, permitindo que você domine desde os conceitos fundamentais até aplicações avançadas.

A jornada começa no **Capítulo 1**, explorando a história e a evolução do PowerShell, suas vantagens em relação a outros terminais de comando e sua arquitetura baseada em objetos. No **Capítulo 2**, detalhamos a instalação e configuração do PowerShell nos principais sistemas operacionais, garantindo que você tenha um ambiente adequado para o aprendizado.

A estrutura dos comandos e cmdlets é apresentada no **Capítulo 3**, explicando a sintaxe correta, o uso de aliases e a documentação interna para consulta rápida. No **Capítulo 4**, avançamos para a manipulação de objetos, abordando métodos e propriedades essenciais para processar informações de forma eficiente. O **Capítulo 5** introduz variáveis e tipos de dados, fundamentais para armazenar e manipular informações em scripts dinâmicos.

A tomada de decisões dentro dos scripts é abordada no **Capítulo 6**, onde exploramos as estruturas condicionais **IF, ELSE e SWITCH**, permitindo maior controle sobre a execução dos comandos. No **Capítulo 7**, aprofundamos o uso das estruturas de repetição **FOR, WHILE e FOREACH**, fundamentais para automatizar processos repetitivos.

No **Capítulo 8**, apresentamos a manipulação de strings e

expressões regulares, permitindo a extração, substituição e formatação avançada de textos dentro dos scripts. O **Capítulo 9** expande o conceito de coleções e arrays, mostrando como organizar e manipular grandes volumes de dados. O **Capítulo 10** introduz a leitura e gravação de arquivos, essencial para armazenar e recuperar informações de maneira estruturada.

Na administração avançada, o **Capítulo 11** ensina a criação de funções e módulos personalizados, promovendo a reutilização e organização de código. No **Capítulo 12**, detalhamos o gerenciamento de processos e serviços do sistema operacional, garantindo que você tenha controle total sobre a execução de tarefas. O **Capítulo 13** aborda a administração de usuários e permissões, capacitando você a gerenciar contas e definir acessos com segurança.

A automação de tarefas recorrentes é aprofundada no **Capítulo 14**, onde explicamos o uso do **Agendador de Tarefas** para executar scripts automaticamente. No **Capítulo 15**, introduzimos o PowerShell Remoto, permitindo a administração de múltiplas máquinas de forma segura e eficiente. O **Capítulo 16** complementa essa abordagem com técnicas para gerenciamento de redes, incluindo diagnóstico de conexões e configuração de interfaces.

A parte prática do livro começa no **Capítulo 17**, onde criamos um script para monitoramento de logs, permitindo captura e análise automatizada de eventos. No **Capítulo 18**, desenvolvemos um sistema de backup automatizado, essencial para a proteção de arquivos críticos. O **Capítulo 19** traz a automação de relatórios, demonstrando como extrair dados do sistema e exportá-los para **CSV, JSON, XML e HTML**.

No **Capítulo 20**, aprofundamos o gerenciamento de logs e auditoria, ensinando como coletar e filtrar eventos críticos para aumentar a segurança. O **Capítulo 21** apresenta a automação de deploy de softwares, abordando a instalação e atualização remota de aplicações com **Chocolatey e Winget**. O **Capítulo**

22 fecha essa seção com a integração do PowerShell a bancos de dados, demonstrando conexões com **SQL Server, MySQL e PostgreSQL** para manipulação de dados e automação de backups.

Para garantir scripts bem estruturados e eficientes, o **Capítulo 23** aborda as melhores práticas de organização de código, documentação e reutilização de funções. A segurança é um fator essencial na automação, e no **Capítulo 24**, discutimos como proteger credenciais, definir políticas de execução seguras e evitar vulnerabilidades.

O **Capítulo 25** foca na depuração e análise de performance, ensinando como identificar gargalos, medir a execução de scripts e otimizar processos. No **Capítulo 26**, exploramos a integração do PowerShell com ferramentas como **Jenkins, Git, Ansible, APIs REST, Docker e serviços em nuvem**.

Com este livro, você terá um aprendizado prático e direto, garantindo que suas automações sejam mais eficazes, seguras e escaláveis. Seja para administrar sistemas, otimizar processos ou elevar sua produtividade, o domínio do PowerShell abrirá novas possibilidades na sua carreira.

CAPÍTULO 1. O QUE É O POWERSHELL?

O PowerShell é um ambiente de automação que combina a flexibilidade de um interpretador de comandos com a potência de uma linguagem de script baseada em objetos. Desenvolvido pela Microsoft, ele se tornou um dos pilares da administração de sistemas modernos, oferecendo controle granular sobre configurações, execução de tarefas automatizadas e gerenciamento de ambientes Windows e multiplataforma.

História e Evolução

A necessidade de um shell mais avançado no Windows surgiu devido às limitações do Prompt de Comando (CMD). Durante anos, administradores de sistemas confiaram no CMD e em arquivos batch para automatizar tarefas, mas sua capacidade era restrita, pois operava apenas com texto e não fornecia recursos avançados de programação.

O desenvolvimento do PowerShell teve início na década de 2000 sob o codinome **Monad**, liderado por Jeffrey Snover, um dos principais arquitetos da Microsoft. O objetivo era criar um ambiente de automação poderoso e baseado em **.NET**, permitindo a manipulação de objetos e oferecendo um shell interativo que fosse tão robusto quanto o Bash no Linux.

Com o lançamento do **PowerShell 1.0** em 2006, os administradores finalmente tiveram acesso a um ambiente de script que podia interagir profundamente com o Windows, incluindo o gerenciamento de serviços, registros e processos do sistema. As versões seguintes trouxeram avanços significativos:

- **PowerShell 2.0** (2009): Introduziu novos cmdlets, suporte a módulos e funcionalidades de execução remota.

- **PowerShell 3.0** (2012): Melhorias em workflow e cmdlets adicionais.
- **PowerShell 4.0** (2013): Expansão dos recursos de Desired State Configuration (DSC).
- **PowerShell 5.0 e 5.1** (2016): Introduziu classes nativas e melhorias em segurança.
- **PowerShell Core (6.0)** (2018): Tornou-se **multiplataforma**, compatível com Linux e macOS.
- **PowerShell 7.x**: Última iteração, mantendo compatibilidade total com Windows, Linux e macOS, além de otimizações no suporte a APIs e integração com nuvem.

A transição para o **PowerShell Core** marcou um momento decisivo, pois a Microsoft tornou a ferramenta **open-source**, permitindo maior adoção global e expansão de funcionalidades.

Diferenças entre PowerShell, Prompt de Comando e Bash

Embora o PowerShell seja um shell de linha de comando, sua abordagem é significativamente diferente do CMD e do Bash.

Característica	PowerShell	Prompt de Comando (CMD)	Bash
Base Tecnológica	.NET	MS-DOS	UNIX/Linux
Tipo de Retorno	Objetos	Texto	Texto
Suporte a Automação	Sim, com cmdlets e scripts avançados	Limitado a batch scripts	Sim, via shell scripts
Multiplataforma	Sim (Windows, Linux, macOS)	Não (somente Windows)	Sim (Linux, macOS, Windows via WSL)
Suporte a APIs e Ferramentas Modernas	Sim	Limitado	Sim

O CMD é um ambiente de execução baseado em texto, voltado para comandos básicos e scripts batch. Sua capacidade é reduzida, pois não trabalha diretamente com objetos e não possui estrutura avançada de automação.

O Bash, amplamente usado em sistemas UNIX e Linux, é um shell poderoso para administração e automação de tarefas. No entanto, como seu retorno é sempre baseado em texto, manipulações avançadas exigem a combinação de vários comandos e pipes.

O PowerShell se destaca ao permitir que cada comando retorne objetos, possibilitando manipulação avançada de dados sem precisar recorrer a técnicas complexas de parsing.

Arquitetura e Benefícios

O PowerShell é construído sobre o **.NET Runtime**, o que permite interação direta com APIs e componentes do Windows, além de oferecer suporte para a criação de scripts avançados. Sua arquitetura modular e extensível permite que novos cmdlets sejam adicionados conforme a necessidade do usuário.

Principais Benefícios

- **Automação Avançada**: Possui uma ampla coleção de cmdlets para controle do sistema operacional, redes e aplicações.
- **Manipulação de Objetos**: Os comandos retornam objetos estruturados, facilitando o processamento de dados.
- **Execução Remota**: Permite gerenciar máquinas remotamente sem necessidade de acesso físico.
- **Multiplataforma**: Desde o PowerShell Core, pode ser executado em diferentes sistemas operacionais.
- **Integração com Ferramentas de DevOps**: Compatível com Docker, Kubernetes, Azure, AWS, entre outras soluções modernas.
- **Segurança Aprimorada**: Possui controle rigoroso de execução de scripts, garantindo proteção contra código malicioso.

Erros Comuns e Soluções

Os usuários iniciantes podem enfrentar dificuldades ao

trabalhar com PowerShell devido a algumas particularidades da ferramenta. A seguir, estão alguns erros comuns e suas soluções:

Erro: Execução de Scripts Desativada

Problema: Ao tentar executar um script, o erro "execution of scripts is disabled on this system" aparece.

Causa: Por padrão, o PowerShell bloqueia a execução de scripts para evitar ataques.

Solução: Para permitir a execução de scripts, altere a política de execução:

powershell

```
Set-ExecutionPolicy RemoteSigned -Scope CurrentUser
```

Esse comando a execução de scripts locais enquanto mantém proteção contra scripts remotos não assinados.

Erro: Comando Não Reconhecido

Problema: Ao digitar um comando, a saída indica que o cmdlet não foi encontrado.

Causa: O módulo correspondente pode não estar carregado ou o comando pode ter sido digitado incorretamente.

Solução: Utilize Get-Command para verificar se o cmdlet está disponível:

powershell

```
Get-Command -Name Get-Service
```

Se não estiver listado, importe o módulo correto:

powershell

```
Import-Module Microsoft.PowerShell.Management
```

Erro: Acesso Negado ao Executar Comandos Administrativos

Problema: Algumas operações, como gerenciamento de serviços, exigem permissões elevadas.

Causa: O PowerShell precisa ser executado com privilégios administrativos para certas operações.

Solução: Abra o PowerShell como administrador clicando com o botão direito e selecionando **Executar como Administrador**.

Boas Práticas e Aplicações Reais

O uso correto do PowerShell pode otimizar significativamente tarefas administrativas e aumentar a produtividade. Algumas práticas recomendadas incluem:

Utilizar Cmdlets ao Invés de Comandos CMD

O PowerShell possui cmdlets nativos mais eficientes que comandos herdados do CMD. Por exemplo, em vez de ipconfig, utilize:

powershell

```
Get-NetIPAddress
```

Aproveitar o Pipeline para Processamento de Dados

O pipeline (|) permite encadear comandos para transformar a saída em novas operações:

powershell

```
Get-Service | Where-Object { $_.Status -eq "Running" }
```

O comando acima lista apenas os serviços que estão em execução.

Documentar Scripts com Comentários

A inclusão de comentários melhora a manutenção do código:

powershell

```
# Lista todos os processos ativos
```

11

Get-Process

Utilizar Estruturas de Controle de Fluxo

Scripts podem utilizar if, foreach, switch, entre outras estruturas:

powershell

```powershell
$cpu = Get-WmiObject Win32_Processor
if ($cpu.LoadPercentage -gt 80) {
    Write-Host "Uso da CPU elevado: $($cpu.LoadPercentage)%"
}
```

O PowerShell se consolidou como uma ferramenta essencial para administração de sistemas e automação de processos, oferecendo um ambiente robusto, flexível e altamente extensível. Sua evolução ao longo dos anos garantiu compatibilidade com diferentes plataformas, tornando-se um padrão para profissionais de TI.

Ao compreender sua arquitetura, diferenciais e benefícios, o usuário pode explorar ao máximo sua capacidade, garantindo eficiência na execução de tarefas administrativas e integração com outras tecnologias.

Os próximos capítulos aprofundam a instalação, configuração e utilização do PowerShell para tarefas práticas, consolidando a base necessária para explorar seus recursos avançados.

CAPÍTULO 2. INSTALANDO E CONFIGURANDO O POWERSHELL

O PowerShell é uma ferramenta essencial para automação e administração de sistemas. Para utilizá-lo de forma eficiente, é fundamental compreender seu processo de instalação, configuração inicial e ajustes necessários. Este capítulo cobre a instalação do PowerShell nos principais sistemas operacionais, diferenças entre versões, primeiros testes e ajustes recomendados para garantir um ambiente funcional e otimizado.

Instalação no Windows, Linux e macOS

O PowerShell é compatível com múltiplos sistemas operacionais, permitindo que profissionais de TI utilizem a mesma linguagem de automação independentemente da plataforma.

Windows

A versão tradicional do PowerShell já vem integrada ao Windows. No entanto, versões mais recentes exigem instalação manual.

1. Acesse o site oficial do PowerShell no repositório do GitHub ou na Microsoft Store.
2. Baixe o pacote mais recente compatível com sua versão do Windows.
3. Execute o instalador e siga as instruções na tela.
4. Após a instalação, abra o PowerShell e verifique a versão instalada:

powershell

```
$PSVersionTable.PSVersion
```

Para habilitar o PowerShell em versões mais antigas do Windows, pode ser necessário ativá-lo nas configurações opcionais do sistema.

Linux

O PowerShell pode ser instalado em distribuições Linux utilizando gerenciadores de pacotes.

- **Debian e Ubuntu**

bash

```
sudo apt update
sudo apt install -y powershell
```

- **CentOS e Fedora**

bash

```
sudo dnf install -y powershell
```

- **Arch Linux**

bash

```
sudo pacman -S powershell
```

Após a instalação, o PowerShell pode ser executado com o comando:

bash

```
pwsh
```

macOS

No macOS, a instalação do PowerShell pode ser feita utilizando o

Homebrew.

1. Instale o Homebrew caso não esteja instalado:

bash

```
/bin/bash -c "$(curl -fsSL https://raw.githubusercontent.com/
Homebrew/install/HEAD/install.sh)"
```

2. Instale o PowerShell:

bash

```
brew install --cask powershell
```

3. Para iniciar o PowerShell, utilize:

bash

```
pwsh
```

Configuração Inicial e Ajustes

Após a instalação, é importante ajustar as configurações para garantir segurança e funcionalidade.

Política de Execução de Scripts

Por padrão, o PowerShell impede a execução de scripts para evitar ameaças de segurança. Para permitir a execução de scripts locais assinados, utilize:

powershell

```
Set-ExecutionPolicy RemoteSigned -Scope CurrentUser
```

Para listar a política de execução atual:

powershell

```
Get-ExecutionPolicy
```

Caso seja necessário permitir a execução de todos os scripts, utilize a política **Unrestricted** (não recomendada para ambientes produtivos).

Atualização de Módulos

O PowerShell permite a instalação e atualização de módulos adicionais. O comando abaixo garante que os módulos disponíveis sejam atualizados:

powershell

```
Update-Module
```

Para listar os módulos instalados:

powershell

```
Get-Module -ListAvailable
```

Personalização do Ambiente

A interface do PowerShell pode ser ajustada conforme a preferência do usuário. Algumas personalizações úteis incluem:

- Alteração do esquema de cores:

powershell

```
$host.UI.RawUI.BackgroundColor = "Black"
$host.UI.RawUI.ForegroundColor = "Green"
Clear-Host
```

- Alteração do perfil de inicialização para carregar configurações personalizadas automaticamente:

powershell

```
New-Item -ItemType File -Path $PROFILE -Force
notepad $PROFILE
```

Dentro do arquivo de perfil, comandos personalizados podem ser adicionados para execução automática na inicialização do PowerShell.

Diferenças entre PowerShell 5.1 e PowerShell Core

A transição do PowerShell clássico para o PowerShell Core trouxe diversas mudanças estruturais.

Característica	PowerShell 5.1	PowerShell Core (7.x)
Plataforma	Apenas Windows	Multiplataforma (Windows, Linux, macOS)
Base Tecnológica	.NET Framework	.NET Core
Execução de Scripts	Requer ajustes manuais	Suporte aprimorado e nativo
Compatibilidade	Totalmente integrado ao Windows	Algumas funcionalidades específicas do Windows ausentes

O PowerShell Core continua recebendo suporte e melhorias, tornando-se a versão recomendada para novos projetos e ambientes híbridos.

Testando a Instalação com Comandos Básicos

Após a instalação, alguns comandos podem ser executados para garantir que o ambiente esteja configurado corretamente.

- Verificar a versão instalada:

powershell

```
$PSVersionTable.PSVersion
```

- Listar os serviços em execução:

powershell

```
Get-Service
```

- Exibir informações sobre o sistema operacional:

```
powershell
```

```
Get-ComputerInfo
```

- Criar e exibir o conteúdo de um arquivo:

```
powershell
```

```
New-Item -ItemType File -Path "C:\temp\teste.txt"
Get-Content "C:\temp\teste.txt"
```

Erros Comuns e Soluções

Erro: "Execution Policy Restricts Running Scripts"

Causa: O PowerShell bloqueia a execução de scripts por padrão.

Solução: Modificar a política de execução conforme necessário:

```
powershell
```

```
Set-ExecutionPolicy RemoteSigned -Scope CurrentUser
```

Erro: "Command Not Found"

Causa: O cmdlet pode não estar disponível devido à falta de um módulo.

Solução: Certificar-se de que o módulo correto está instalado e importá-lo manualmente:

```
powershell
```

```
Import-Module NomeDoModulo
```

Erro: "Access Denied" ao executar comandos administrativos

Causa: Algumas operações exigem permissões elevadas.

Solução: Executar o PowerShell como administrador.

Boas Práticas e Aplicações Reais

Utilizar Alias para Acelerar Comandos

O PowerShell permite atalhos para cmdlets. Para visualizar os aliases disponíveis:

powershell

```
Get-Alias
```

Utilizar Scripts para Automação de Tarefas

Criar um script para listar e salvar processos ativos:

powershell

```
Get-Process | Out-File -FilePath "C:\temp\processos.txt"
```

Manter o PowerShell Atualizado

Com o tempo, novas versões do PowerShell trazem melhorias e correções. Para garantir que esteja sempre atualizado, consulte o site oficial da Microsoft e aplique atualizações regularmente.

Evitar Uso de Comandos Legados do CMD

Embora o PowerShell suporte comandos herdados do CMD, é recomendável utilizar cmdlets nativos sempre que possível. Em vez de ipconfig, use:

powershell

```
Get-NetIPAddress
```

A instalação e configuração correta do PowerShell são etapas essenciais para garantir um ambiente funcional e seguro. Com a instalação bem-sucedida nos sistemas operacionais suportados, ajustes de execução e módulos atualizados, o PowerShell estará pronto para ser utilizado em automação e administração de sistemas.

Os próximos tópicos exploram a estrutura de comandos e cmdlets, permitindo um entendimento aprofundado de como utilizar o PowerShell de forma eficiente e prática.

CAPÍTULO 3 – ESTRUTURA DE COMANDOS E CMDLETS

O PowerShell se destaca por sua abordagem baseada em objetos e pela forma estruturada com que trata comandos e saídas. Diferente de shells tradicionais que operam exclusivamente com texto, o PowerShell utiliza **cmdlets** (pronuncia-se "command-lets"), pequenas funções especializadas que interagem diretamente com o sistema operacional e outras aplicações. Compreender a estrutura de comandos e a sintaxe correta é essencial para aproveitar ao máximo a automação e a administração de sistemas.

O que são cmdlets e como utilizá-los

Os cmdlets são comandos internos do PowerShell projetados para executar funções específicas. Cada cmdlet segue uma convenção de nomenclatura no formato **Verbo-Substantivo**, facilitando a leitura e o entendimento dos comandos.

Alguns exemplos de cmdlets comuns:

powershell

```
Get-Process    # Lista os processos em execução
Stop-Service   # Interrompe um serviço
Set-ExecutionPolicy RemoteSigned # Define a política de
execução de scripts
Get-Help Get-Process # Exibe a documentação do cmdlet Get-
Process
```

A padronização dos cmdlets permite que os usuários aprendam a estrutura uma vez e apliquem esse conhecimento a comandos diferentes. A forma verbal indica a ação que será realizada, enquanto o substantivo define o objeto da operação.

Estrutura e sintaxe correta dos comandos

Os comandos no PowerShell seguem uma estrutura bem definida, permitindo maior previsibilidade e facilidade de uso.

Elementos básicos da sintaxe

Cmdlet: Comando principal que será executado.
Parâmetros: Ajustes opcionais que modificam o comportamento do cmdlet.
Argumentos: Valores passados para os parâmetros.

Exemplo prático:

powershell

```
Get-Service -Name "Spooler"
```

- **Get-Service**: O cmdlet principal, que recupera informações sobre serviços do sistema.
- **-Name**: O parâmetro que permite especificar um serviço específico.
- **"Spooler"**: O argumento passado para o parâmetro, identificando qual serviço será consultado.

Encadeamento de comandos (Pipeline)

O **pipeline** (|) permite que a saída de um comando seja enviada diretamente como entrada para outro cmdlet, possibilitando manipulação avançada de dados.

Exemplo:

powershell

```
Get-Service | Where-Object { $_.Status -eq "Running" }
```

O comando acima lista apenas os serviços que estão em execução. O $_ representa cada item processado, permitindo a filtragem com base em propriedades do objeto.

Trabalhando com aliases e documentação interna (Get-Help)

O PowerShell fornece **aliases**, que são atalhos para cmdlets, facilitando a execução de comandos para usuários acostumados com outros shells.

Exemplo de alias para Get-Process:

powershell

gps

Para visualizar todos os aliases disponíveis:

powershell

Get-Alias

Consultando a documentação interna

A documentação do PowerShell está embutida no próprio ambiente e pode ser acessada por meio do Get-Help.

Exemplo para obter informações detalhadas sobre um cmdlet:

powershell

Get-Help Get-Process -Detailed

Para visualizar exemplos de uso:

powershell

Get-Help Get-Service -Examples

Caso a documentação não esteja atualizada, pode-se baixar os arquivos mais recentes utilizando:

powershell

Update-Help

Uso de parâmetros e modificação de saída

Os cmdlets do PowerShell podem ser customizados com **parâmetros**, permitindo maior flexibilidade na execução dos comandos.

Parâmetros mais utilizados

- -Name: Define um nome específico para um objeto.
- -Verbose: Exibe informações detalhadas sobre a execução do comando.
- -ErrorAction: Controla o que deve ser feito quando um erro ocorre.

Exemplo utilizando -Verbose:

powershell

```
Get-Service -Name "Spooler" -Verbose
```

Formatando a saída dos comandos

O PowerShell permite modificar a apresentação dos dados de diversas formas.

Exemplo exibindo os processos em uma tabela personalizada:

powershell

```
Get-Process | Format-Table Name, CPU, Id -AutoSize
```

Para exibir os mesmos dados em formato de lista:

powershell

```
Get-Process | Format-List Name, CPU, Id
```

Erros Comuns e Soluções

Erro: "O termo 'Get-XYZ' não é reconhecido"

Causa: O cmdlet digitado pode estar incorreto ou o módulo correspondente não está carregado.

Solução: Verificar se o cmdlet existe:

powershell

Get-Command -Name Get-XYZ

Caso pertença a um módulo específico, carregá-lo manualmente:

powershell

Import-Module NomeDoModulo

Erro: "Access Denied" ao tentar executar um comando administrativo

Causa: Alguns comandos exigem permissões elevadas.

Solução: Executar o PowerShell como administrador.

Erro: "Cannot bind argument to parameter"

Causa: O valor passado para um parâmetro não é compatível.

Solução: Utilizar Get-Help para verificar os tipos de entrada aceitos.

powershell

Get-Help Set-Service -Full

Boas Práticas e Aplicações Reais

Utilizar cmdlets ao invés de comandos do CMD

A compatibilidade com comandos do Prompt de Comando existe, mas não é recomendada. Em vez de ipconfig, use:

powershell

Get-NetIPAddress

Evitar o uso excessivo de aliases em scripts

Aliases são úteis em linha de comando, mas devem ser evitados em scripts para manter a legibilidade.

Automatizar processos utilizando pipeline

A automação de tarefas administrativas pode ser facilitada combinando cmdlets.

Exemplo para listar e encerrar processos específicos:

powershell

```
Get-Process | Where-Object { $_.CPU -gt 100 } | Stop-Process
```

Personalizar a saída dos dados para relatórios

Ao gerar relatórios, pode-se exportar dados em diferentes formatos.

- **CSV:**

powershell

```
Get-Process | Export-Csv -Path "C:\temp\processos.csv" -NoTypeInformation
```

- **JSON:**

powershell

```
Get-Process | ConvertTo-Json
```

Testar comandos antes de aplicá-los

O parâmetro -WhatIf permite visualizar o impacto de um comando antes da execução.

powershell

```
Stop-Service -Name "Spooler" -WhatIf
```

Assim, evita-se interrupções acidentais de serviços críticos.

O PowerShell oferece um ambiente estruturado e poderoso para administração de sistemas. Com a compreensão da sintaxe correta, uso de cmdlets e manipulação de saída, é possível executar tarefas administrativas com eficiência e precisão.

Os próximos tópicos abordarão como trabalhar com objetos e manipular dados dentro do PowerShell, consolidando conhecimentos essenciais para automação avançada.

CAPÍTULO 4. TRABALHANDO COM OBJETOS NO POWERSHELL

O PowerShell se diferencia de outras shells por sua abordagem baseada em **objetos**, permitindo manipulação estruturada de dados sem a necessidade de parsing complexo. Em vez de lidar com texto puro, os comandos do PowerShell retornam objetos que possuem propriedades e métodos, proporcionando um nível superior de controle e eficiência na automação de tarefas.

Compreender o funcionamento dos objetos é essencial para aproveitar ao máximo os recursos do PowerShell, pois isso possibilita desde operações simples, como listar processos em execução, até ações mais avançadas, como manipular dados em APIs e bancos de dados.

O conceito de objetos e sua importância

Um objeto é uma estrutura que contém informações organizadas em propriedades e métodos. Diferente de shells tradicionais, onde a saída de um comando é apenas um texto que precisa ser processado manualmente, no PowerShell cada saída já é um objeto, permitindo manipulação direta.

Os objetos no PowerShell são baseados na plataforma **.NET**, o que garante flexibilidade e compatibilidade com diversas aplicações e serviços.

Propriedades e métodos

- **Propriedades**: São os atributos que definem um objeto, como o nome e o status de um serviço.
- **Métodos**: São ações que podem ser realizadas no objeto, como iniciar ou interromper um serviço.

A visualização de propriedades pode ser feita utilizando Select-Object:

powershell

Get-Process | Select-Object -Property Name, Id, CPU

Os métodos de um objeto podem ser acessados com Get-Member:

powershell

Get-Process | Get-Member

Esse comando exibe todas as propriedades e métodos disponíveis para manipulação.

Métodos e propriedades dos objetos

Cada objeto no PowerShell possui características específicas que podem ser utilizadas para extrair informações ou realizar ações.

Propriedades

Para visualizar todas as propriedades de um objeto, pode-se utilizar o seguinte comando:

powershell

Get-Service | Get-Member -MemberType Property

Retorna todas as propriedades disponíveis para os serviços do sistema.

Para acessar uma propriedade específica, pode-se armazenar o objeto em uma variável e manipulá-lo diretamente:

powershell

$servico = Get-Service -Name "Spooler"
$servico.Status

Retorna o status do serviço Spooler.

Métodos

Os métodos são funções associadas ao objeto, permitindo realizar ações diretamente sobre ele.

Para listar os métodos de um objeto:

powershell

```
Get-Process | Get-Member -MemberType Method
```

Métodos podem ser executados diretamente no objeto:

powershell

```
$servico = Get-Service -Name "Spooler"
$servico.Stop()
```

Esse comando interrompe o serviço Spooler utilizando seu método Stop().

Manipulação e extração de dados

O PowerShell permite extrair e manipular dados utilizando cmdlets e operadores para personalizar os resultados obtidos.

Filtrando informações

O comando Where-Object permite filtrar objetos com base em suas propriedades:

powershell

```
Get-Process | Where-Object { $_.CPU -gt 50 }
```

Retorna apenas os processos que estão utilizando mais de 50% da CPU.

Ordenando resultados

A ordenação pode ser feita com Sort-Object:

powershell

```
Get-Service | Sort-Object -Property Status
```

Exibe os serviços organizados pelo status.

Selecionando colunas específicas

Para exibir apenas determinadas propriedades, utiliza-se Select-Object:

powershell

```
Get-Process | Select-Object Name, CPU, Id
```

Como encadear comandos com pipeline

O **pipeline** (|) é um dos recursos mais poderosos do PowerShell, permitindo que a saída de um cmdlet seja utilizada diretamente como entrada para outro, reduzindo a necessidade de armazenar valores em variáveis.

Encadeamento básico

Um dos usos mais comuns do pipeline é listar processos e encerrar aqueles que atendem a um critério específico:

powershell

```
Get-Process | Where-Object { $_.CPU -gt 100 } | Stop-Process
```

Esta instrução localiza processos que ultrapassam 100% de uso da CPU e os encerra de forma automática.

Encadeamento com múltiplos comandos

É possível combinar vários cmdlets para criar fluxos de trabalho complexos:

powershell

```
Get-Process | Sort-Object CPU -Descending | Select-Object -First 5
```

Este comando exibe os cinco processos com maior consumo de CPU no sistema.

Exportação de dados

A saída do pipeline pode ser enviada para arquivos em diferentes formatos:

- CSV:

powershell

```
Get-Process | Export-Csv -Path "C:\temp\processos.csv" -NoTypeInformation
```

- JSON:

powershell

```
Get-Process | ConvertTo-Json
```

- XML:

powershell

```
Get-Process | Export-Clixml -Path "C:\temp\processos.xml"
```

Erros Comuns e Soluções

Erro: "Property not found" ao tentar acessar uma propriedade

Causa: A propriedade pode estar ausente no objeto retornado.

Solução: Verificar quais propriedades estão disponíveis antes de acessá-las:

powershell

```
Get-Process | Get-Member
```

Caso necessário, armazenar o objeto em uma variável para testes:

powershell

```
$proc = Get-Process -Name "notepad"
$proc | Format-List *
```

Erro: "Method invocation failed" ao tentar usar um método

Causa: Alguns métodos exigem permissões administrativas.

Solução: Executar o PowerShell como administrador.

Erro: "Object not found" ao utilizar Where-Object

Causa: Nenhum objeto atendeu ao critério especificado.

Solução: Testar sem filtro para verificar os dados disponíveis:

powershell

```
Get-Service
```

Depois, refinar os critérios conforme necessário.

Boas Práticas e Aplicações Reais

Utilizar variáveis para armazenar objetos

A manipulação de objetos pode ser otimizada armazenando-os em variáveis antes de realizar operações:

powershell

```
$servico = Get-Service -Name "Spooler"
$servico.Status
```

Aproveitar a programação orientada a objetos

O PowerShell permite manipular objetos de forma avançada:

powershell

```
$processo = Get-Process -Name "notepad"
$processo.Kill()
```

Evitar parsing manual de texto

Em vez de utilizar métodos tradicionais de manipulação de texto, aproveite as propriedades dos objetos:

powershell

```
Get-Process | Select-Object Name, Id, CPU
```

Utilizar pipeline para encadeamento eficiente

Ao invés de armazenar e processar dados separadamente, combine cmdlets:

powershell

```
Get-Process | Where-Object { $_.CPU -gt 50 } | Sort-Object CPU -Descending
```

Testar comandos com -WhatIf antes de aplicar mudanças

Isso evita efeitos colaterais indesejados em comandos que modificam objetos:

powershell

```
Stop-Service -Name "Spooler" -WhatIf
```

O modelo de objetos do PowerShell permite uma administração mais avançada e eficiente, eliminando a necessidade de manipulação manual de texto. A combinação de propriedades, métodos e pipeline garante um fluxo de trabalho otimizado para tarefas administrativas e automação.

Os próximos tópicos aprofundam a utilização de variáveis e tipos de dados, fornecendo ferramentas essenciais para manipulação e armazenamento de informações no PowerShell.

CAPÍTULO 5. INTRODUÇÃO A VARIÁVEIS E TIPOS DE DADOS

O PowerShell é uma linguagem de script poderosa que permite automação e administração de sistemas com alta eficiência. Um dos fundamentos essenciais para o domínio dessa ferramenta é o uso de **variáveis**, que possibilitam o armazenamento, manipulação e recuperação de informações de maneira dinâmica. Além disso, compreender os **tipos de dados** e suas conversões é fundamental para garantir precisão nas operações realizadas.

Este capítulo aborda a declaração e manipulação de variáveis, os principais tipos de dados suportados pelo PowerShell, a diferença entre escopos de variáveis, operações matemáticas e formatação de strings.

Declaração e manipulação de variáveis

Uma variável no PowerShell é um contêiner que armazena valores e pode ser reutilizada ao longo da execução de scripts. Todas as variáveis começam com o símbolo **$** seguido do nome escolhido.

Criando e atribuindo valores a variáveis

O PowerShell permite declarar variáveis de maneira simples, sem a necessidade de especificar o tipo de dado explicitamente.

powershell

```
$nome = "Administração de Sistemas"
$versao = 7
$ativo = $true
```

A variável $nome armazena uma string, $versao recebe um número inteiro e $ativo armazena um valor booleano. O PowerShell reconhece automaticamente o tipo de dado atribuído com base no valor fornecido.

Exibindo valores armazenados

Os valores das variáveis podem ser acessados simplesmente chamando seu nome na linha de comando.

powershell

```
$nome
```

Para exibir variáveis dentro de strings, é possível utilizar interpolação:

powershell

```
Write-Output "O sistema em uso é $nome, versão $versao."
```

Alterando valores de variáveis

O conteúdo de uma variável pode ser atualizado dinamicamente:

powershell

```
$nome = "PowerShell Avançado"
```

O novo valor sobrescreve o conteúdo anterior.

Removendo variáveis

Para liberar memória ou garantir que uma variável não seja reutilizada indevidamente, ela pode ser removida com Remove-Variable:

powershell

```
Remove-Variable -Name nome
```

Tipos de dados e conversões

O PowerShell trabalha com diferentes tipos de dados, como strings, números, valores booleanos, arrays e objetos.

Principais tipos de dados

Tipo	Descrição	Exemplo
String	Cadeia de caracteres	"PowerShell"
Int	Número inteiro	42
Double	Número decimal	3.14
Boolean	Verdadeiro ou falso	$true
Array	Conjunto de valores	@(1,2,3,4)
HashTable	Conjunto chave-valor	@{Nome="Admin"; Id=101}

Verificando o tipo de uma variável

O tipo de uma variável pode ser verificado utilizando o método .GetType()

powershell

```
$valor = 100
$valor.GetType()
```

Retorna:

pgsql

```
IsPublic IsSerial Name
-------- -------- ----
True     True     Int32
```

Conversão entre tipos de dados

O PowerShell permite a conversão explícita de valores entre diferentes tipos.

powershell

```
$numero = "50"
[int]$numero
```

O valor armazenado inicialmente como string será convertido para inteiro.

Outros exemplos de conversões:

powershell

```
[double]$inteiro = 10
[bool]$status = 1
```

Quando um valor não pode ser convertido corretamente, o PowerShell pode gerar um erro de incompatibilidade de tipo.

Armazenamento de variáveis em escopos diferentes

O **escopo** de uma variável define onde ela pode ser acessada dentro do script. O PowerShell permite trabalhar com variáveis em diferentes contextos:

Escopos disponíveis

- **Global**: A variável é acessível em todo o ambiente do PowerShell.
- **Local**: A variável está disponível apenas dentro do script ou função onde foi criada.
- **Script**: A variável existe apenas dentro do arquivo de script.
- **Private**: A variável não pode ser acessada fora do escopo onde foi definida.

Definindo variáveis em escopos específicos

powershell

```
$global:variavelGlobal = "Disponível em qualquer sessão"
$script:variavelScript = "Disponível apenas no script"
$local:variavelLocal = "Disponível apenas na função"
```

Tais definições garantem que os valores das variáveis não interfiram entre diferentes partes do código.

Operações matemáticas e formatação de strings

O PowerShell permite realizar cálculos matemáticos diretamente na linha de comando ou dentro de scripts.

Operações básicas

powershell

```
$soma = 10 + 5
$subtracao = 20 - 7
$multiplicacao = 4 * 3
$divisao = 100 / 5
```

Essas operações armazenam os resultados em variáveis, que podem ser usadas posteriormente.

Formatando strings dinamicamente

A concatenação de strings pode ser feita utilizando o operador + ou interpolação.

powershell

```
$nome = "PowerShell"
$versao = 7
$mensagem = "O sistema $nome está na versão $versao."
```

Uso de métodos para manipulação de strings

Strings podem ser convertidas para maiúsculas, minúsculas ou sofrer modificações:

powershell

```
$texto = "Curso PowerShell"
$texto.ToUpper()
$texto.ToLower()
$texto.Replace("Curso", "Guia")
```

Tais métodos garantem que as strings possam ser manipuladas conforme necessário dentro de um script.

Erros Comuns e Soluções

Erro: "Cannot convert value to type"

Causa: Tentativa de conversão entre tipos incompatíveis.

Solução: Garantir que o valor é compatível antes da conversão:

powershell

```
[int]$numero = "abc"
```

Assim gera um erro. Para evitar, verificar antes:

powershell

```
if ($numero -match "^\d+$") {
    [int]$numero
} else {
    Write-Output "Valor inválido"
}
```

Erro: "Variable not found"

Causa: Tentativa de acessar uma variável que não foi definida.

Solução: Definir corretamente a variável antes do uso:

powershell

```
$valor = 100
$valor
```

Erro: "Index out of range" em arrays

Causa: Tentativa de acessar um índice inexistente em um array.

Solução: Verificar se o índice está dentro do intervalo permitido:

powershell

```
$array = @(10, 20, 30)
if ($array.Length -gt 2) {
    Write-Output $array[2]
} else {
    Write-Output "Índice fora do intervalo"
}
```

Boas Práticas e Aplicações Reais

Usar nomes descritivos para variáveis

Evite nomes genéricos como $x ou $y. Prefira nomes que expliquem a finalidade da variável:

powershell

```
$usuarioLogado = "Administrador"
```

Inicializar variáveis antes de usá-las

Isso evita erros de referência.

Definir escopos apropriados

Utilizar $global: apenas quando realmente necessário.

Utilizar arrays e hash tables para armazenar múltiplos valores

Ao invés de criar várias variáveis separadas, agrupar valores em arrays ou dicionários:

powershell

```
$usuarios = @("Admin", "Usuário1", "Usuário2")
```

$usuarios[1]

Evitar conversões desnecessárias

Sempre que possível, mantenha o tipo original dos dados para evitar perda de precisão ou erros inesperados.

As variáveis e os tipos de dados são a base para a automação e administração eficiente no PowerShell. Com o entendimento adequado sobre escopos, conversões e manipulação de dados, é possível criar scripts mais robustos e flexíveis.

Os próximos tópicos explorarão controle de fluxo e estruturas de decisão, permitindo maior controle sobre a lógica dos scripts e aprimorando a automação de processos.

CAPÍTULO 6, ESTRUTURAS CONDICIONAIS (IF, ELSE, SWITCH)

A lógica condicional é um dos pilares fundamentais da programação, permitindo que um script **tome decisões** com base em valores e condições específicas. O PowerShell fornece estruturas de controle que possibilitam a criação de fluxos lógicos dinâmicos, garantindo que as ações executadas pelo script sejam adaptáveis a diferentes cenários.

Esse capítulo aborda as principais estruturas condicionais disponíveis no PowerShell, incluindo **IF, ELSE e SWITCH**, demonstrando como utilizá-las para construir scripts mais eficientes e inteligentes. Além disso, são apresentados erros comuns, estratégias de depuração e boas práticas para a implementação dessas estruturas em ambientes de automação.

Como criar decisões lógicas no PowerShell

O controle condicional permite que um script execute determinadas ações apenas quando certas condições forem atendidas. O PowerShell avalia **expressões lógicas** para determinar se um bloco de código deve ser executado.

Cada estrutura condicional possui um propósito específico:

IF e ELSE: Executam blocos de código dependendo se uma condição for verdadeira ou falsa.
SWITCH: Avalia múltiplos valores de uma variável, simplificando a estrutura de decisão.

Uso do IF e ELSE para controle de fluxo

O **IF e ELSE** são as estruturas condicionais mais utilizadas para tomar decisões em scripts do PowerShell. Um bloco **IF** é executado quando a condição especificada retorna **$true**. Se a condição não for atendida, pode-se utilizar o **ELSE** para definir um comportamento alternativo.

Sintaxe básica

powershell

```powershell
$valor = 10

if ($valor -gt 5) {
    Write-Output "O valor é maior que 5."
} else {
    Write-Output "O valor é menor ou igual a 5."
}
```

Nesse caso, o PowerShell verifica se $valor é maior que **5**. Como a condição é verdadeira, o primeiro bloco de código é executado.

Uso do ELSEIF para múltiplas condições

Se houver mais de uma condição possível, o **ELSEIF** pode ser utilizado para criar verificações adicionais.

powershell

```powershell
$temperatura = 30

if ($temperatura -ge 35) {
    Write-Output "Está muito quente."
} elseif ($temperatura -ge 25) {
    Write-Output "O clima está agradável."
} else {
    Write-Output "Está frio."
}
```

O primeiro bloco só será executado se a temperatura for **35 ou**

maior. Se a condição não for atendida, o PowerShell verifica o **ELSEIF**, que cobre temperaturas de **25 a 34 graus**. Caso nenhuma dessas condições seja verdadeira, o bloco **ELSE** será executado.

Operadores de comparação

O PowerShell utiliza operadores específicos para comparar valores dentro de condições lógicas:

Operador	Descrição	Exemplo
-eq	Igual	$a -eq $b
-ne	Diferente	$a -ne $b
-gt	Maior que	$a -gt 10
-ge	Maior ou igual	$a -ge 20
-lt	Menor que	$a -lt 5
-le	Menor ou igual	$a -le 15

Esses operadores são fundamentais para a construção de condições precisas e eficientes.

Operadores lógicos

Para combinar múltiplas condições dentro de um mesmo bloco, os operadores lógicos são essenciais:

Operador	Descrição	Exemplo
-and	Ambas as condições devem ser verdadeiras	$a -gt 5 -and $b -lt 20
-or	Pelo menos uma condição deve ser verdadeira	$a -eq 10 -or $b -eq 15
-not	Inverte a condição lógica	-not ($a -eq 5)

powershell

```
$idade = 25
$salario = 5000

if ($idade -ge 18 -and $salario -gt 4000) {
    Write-Output "Você pode solicitar um empréstimo."
} else {
    Write-Output "Você não atende aos critérios para um
empréstimo."
}
```

Essa verificação exige que **ambas as condições** sejam verdadeiras para que a mensagem de aprovação seja exibida.

Aplicação do SWITCH para múltiplas condições

Quando há **várias condições** associadas a um único valor, o **SWITCH** é uma alternativa mais eficiente que múltiplos blocos IF-ELSEIF.

Estrutura básica do SWITCH
powershell

```
$opcao = "B"

switch ($opcao) {
    "A" { Write-Output "Você escolheu a opção A." }
    "B" { Write-Output "Você escolheu a opção B." }
    "C" { Write-Output "Você escolheu a opção C." }
    default { Write-Output "Opção inválida." }
}
```

O PowerShell verifica o valor da variável $opcao e executa o bloco correspondente. Se nenhum dos casos for atendido, o **default** garante que uma mensagem padrão seja exibida.

Usando múltiplos valores por condição

O SWITCH pode processar múltiplos valores dentro de uma única condição:

powershell

```
$extensao = ".jpg"

switch ($extensao) {
    ".jpg" { Write-Output "Arquivo de imagem." }
    ".png" { Write-Output "Arquivo de imagem." }
    ".txt" { Write-Output "Arquivo de texto." }
    ".docx" { Write-Output "Documento do Word." }
    default { Write-Output "Formato desconhecido." }
}
```

Essa abordagem permite agrupar categorias semelhantes, reduzindo a repetição de código.

Usando SWITCH com comparações avançadas

O SWITCH também pode ser utilizado com **condições lógicas**:

powershell

```
$numero = 15

switch ($numero) {
    {$_ -lt 10} { Write-Output "O número é pequeno." }
    {$_ -ge 10 -and $_ -le 20} { Write-Output "O número está na faixa média." }
    {$_ -gt 20} { Write-Output "O número é grande." }
}
```

O PowerShell avalia as expressões definidas dentro das chaves { } e executa a primeira que retornar **true**.

Erros Comuns e Soluções

Erro: "Cannot convert value to type System.Boolean"

Causa: Tentativa de comparar valores de tipos diferentes.

Solução: Garantir que os tipos de dados são compatíveis antes da comparação.

powershell

```powershell
$valor = "100"
if ([int]$valor -eq 100) {
    Write-Output "Comparação válida."
}
```

Erro: "Unexpected token else"

Causa: Falta de { } para delimitar os blocos do IF.

Solução: Sempre utilizar { } ao definir condições com IF e ELSE.

powershell

```powershell
if ($x -gt 10) {
    Write-Output "Maior que 10."
} else {
    Write-Output "Menor ou igual a 10."
}
```

Erro: "Switch statement without a condition"

Causa: O comando SWITCH foi utilizado sem um valor de entrada.

Solução: Sempre definir a variável que será avaliada pelo SWITCH.

powershell

```powershell
$estado = "SP"

switch ($estado) {
    "SP" { Write-Output "São Paulo" }
    "RJ" { Write-Output "Rio de Janeiro" }
    default { Write-Output "Estado não identificado." }
```

}

Boas Práticas e Aplicações Reais

Usar SWITCH em vez de múltiplos IF-ELSEIF para aumentar a legibilidade.

Testar condições com -WhatIf antes de executar comandos que alteram o sistema.

Utilizar operadores lógicos para otimizar comparações e evitar código redundante.

As estruturas condicionais são fundamentais para criar scripts que **reagem dinamicamente a diferentes cenários**. Com o domínio do **IF, ELSE e SWITCH**, é possível criar automações sofisticadas e eficientes.

Os próximos tópicos exploram as **estruturas de repetição**, permitindo a execução automática de tarefas repetitivas no PowerShell.

CAPÍTULO 7. ESTRUTURAS DE REPETIÇÃO (FOR, WHILE, FOREACH)

Os scripts do PowerShell são desenvolvidos para automatizar tarefas, reduzindo a necessidade de intervenção manual. Muitas dessas tarefas envolvem **repetição de ações**, como processar listas de arquivos, verificar o status de serviços ou iterar sobre um conjunto de dados. Em vez de escrever os mesmos comandos diversas vezes, o PowerShell permite a execução de blocos de código repetidamente através de **estruturas de repetição**.

Este capítulo aborda os principais loops disponíveis no PowerShell: **FOR, WHILE e FOREACH**. Cada um deles é adequado para situações específicas, permitindo que um script execute ações repetitivas de maneira eficiente e organizada. O domínio dessas estruturas é essencial para criar **códigos mais compactos, dinâmicos e escaláveis**.

Automação de processos repetitivos

As estruturas de repetição eliminam a necessidade de escrever o mesmo comando diversas vezes, garantindo maior **eficiência, legibilidade e controle sobre a execução de tarefas**.

Um loop pode ser utilizado para processar grandes quantidades de dados, monitorar eventos recorrentes ou realizar verificações automáticas dentro de um sistema. O uso adequado dessas estruturas melhora o desempenho do script e reduz erros operacionais causados por repetição manual.

Diferença entre FOR, WHILE e FOREACH

Os loops **FOR, WHILE e FOREACH** possuem comportamentos

distintos e são escolhidos de acordo com o cenário da automação.

O **FOR** é utilizado quando se sabe previamente quantas vezes a repetição deve ocorrer.

WHILE executa um bloco de código **enquanto uma condição for verdadeira**.

O **FOREACH** percorre **todos os itens de uma coleção**, como listas e arrays.

Cada um deles será explorado em detalhes, com exemplos práticos de aplicação.

Uso do loop FOR

O **loop FOR** é a melhor escolha quando o número de repetições é conhecido antecipadamente. Ele possui três partes fundamentais: **inicialização, condição e incremento**.

A inicialização define o valor inicial de uma variável de controle. A condição é verificada a cada iteração e determina se o loop continuará. O incremento ajusta a variável de controle a cada repetição.

powershell

```
for ($i = 1; $i -le 5; $i++) {
    Write-Output "Execução número $i"
}
```

O código acima exibe a mensagem "Execução número X" cinco vezes. O contador $i começa em **1**, e o loop continua enquanto $i for menor ou igual a **5**, sendo incrementado a cada repetição.

Em alguns casos, é possível utilizar decremento em vez de incremento:

powershell

```
for ($i = 10; $i -ge 1; $i--) {
    Write-Output "Contagem regressiva: $i"
```

```
}
```

Executa uma contagem regressiva de **10 até 1**.

Uso do loop WHILE

O **WHILE** repete um bloco de código **enquanto uma condição for verdadeira**. Essa estrutura é útil quando o número de repetições **não é conhecido previamente**, e a execução depende de um critério específico.

powershell

```
$contador = 1

while ($contador -le 5) {
    Write-Output "Repetição número $contador"
    $contador++
}
```

O loop acima exibe mensagens enquanto $contador for menor ou igual a **5**. A variável é incrementada a cada repetição para evitar um loop infinito.

É possível utilizar o **WHILE** para aguardar um evento do sistema, como a finalização de um processo:

powershell

```
while (Get-Process -Name "notepad" -ErrorAction
SilentlyContinue) {
    Write-Output "O Bloco de Notas ainda está aberto."
    Start-Sleep -Seconds 2
}
Write-Output "O Bloco de Notas foi fechado."
```

Esse script monitora o processo "notepad" e exibe mensagens enquanto o aplicativo estiver aberto. Assim que o processo for encerrado, o loop termina.

Uso do loop FOREACH

O **FOREACH** é utilizado para percorrer **todos os elementos de uma coleção**, como listas, arrays ou objetos retornados por comandos. Ele é ideal para manipular grandes conjuntos de dados de maneira eficiente.

powershell

```
$nomes = @("Carlos", "Ana", "João")

foreach ($nome in $nomes) {
    Write-Output "Nome: $nome"
}
```

O PowerShell percorre cada item da lista e executa o bloco de código correspondente.

O **FOREACH-OBJECT** pode ser utilizado diretamente em pipelines, tornando-o ideal para manipular dados retornados por cmdlets:

powershell

```
Get-Process | ForEach-Object { Write-Output "Processo: $($_.Name)" }
```

Lista todos os processos em execução, exibindo seus nomes.

Uso de loops aninhados para processamento avançado

Os loops podem ser **aninhados**, ou seja, um loop dentro de outro. Essa abordagem é útil para manipular estruturas complexas de dados, como matrizes.

powershell

```
for ($i = 1; $i -le 3; $i++) {
    for ($j = 1; $j -le 2; $j++) {
        Write-Output "Valor externo: $i - Valor interno: $j"
    }
```

```
}
```

Cada iteração do **primeiro loop** executa completamente o **segundo loop**, resultando em múltiplas combinações de valores.

Loops aninhados podem ser utilizados para processar diretórios e arquivos:

powershell

```
$diretorios = Get-ChildItem -Path "C:\temp" -Directory

foreach ($dir in $diretorios) {
    $arquivos = Get-ChildItem -Path $dir.FullName -File
    foreach ($arquivo in $arquivos) {
        Write-Output "Arquivo $($arquivo.Name) dentro de $($dir.Name)"
    }
}
```

Esse script percorre todas as pastas dentro de C:\temp e lista os arquivos encontrados em cada uma delas.

Erros Comuns e Soluções

Erro: "Loop infinito" causando travamento do script

Causa: O loop WHILE pode continuar indefinidamente se a condição nunca se tornar falsa.

Solução: Garantir que a variável de controle seja modificada corretamente dentro do loop.

powershell

```
$contador = 1
while ($contador -le 5) {
    Write-Output "Repetição $contador"
    $contador++  # Sem essa linha, o loop nunca terminaria.
}
```

Erro: "Cannot index into a null array" ao usar FOREACH

Causa: O loop está tentando acessar uma lista vazia ou nula.

Solução: Verificar se o array contém elementos antes de iterar.

powershell

```
$itens = @()
if ($itens.Count -gt 0) {
   foreach ($item in $itens) {
      Write-Output "Item: $item"
   }
} else {
   Write-Output "Nenhum item encontrado."
}
```

Erro: "O índice está fora dos limites do array" ao usar FOR

Causa: O loop tenta acessar um índice inexistente.

Solução: Garantir que o índice esteja dentro do tamanho do array.

powershell

```
$dados = @("A", "B", "C")
for ($i = 0; $i -lt $dados.Length; $i++) {
   Write-Output "Elemento: $dados[$i]"
}
```

Boas práticas e aplicações reais

Usar **FOREACH** ao percorrer coleções de dados, garantindo maior eficiência.

Evitar **loops infinitos** sempre garantindo uma condição de saída.

Otimizar a execução de loops utilizando **ForEach-Object** em pipelines.

Usar **BREAK e CONTINUE** para interromper loops quando necessário.

As estruturas de repetição são essenciais para a automação de tarefas no PowerShell. O domínio dos loops **FOR, WHILE e FOREACH** permite criar scripts eficientes e escaláveis, reduzindo a necessidade de ações manuais repetitivas.

Os próximos tópicos abordarão **administração avançada com PowerShell**, aplicando os conhecimentos adquiridos para controle de processos e gerenciamento de sistemas.

CAPÍTULO 8. TRABALHANDO COM ARRAYS E HASHTABLES

Os Arrays e HashTables são componentes essenciais para manipulação de dados no PowerShell. Arrays permitem armazenar coleções ordenadas de valores, enquanto HashTables funcionam como um dicionário de chave-valor, facilitando o acesso rápido a informações associadas. O entendimento e a aplicação correta dessas estruturas tornam a automação e a análise de dados mais eficientes.

Diferença entre Arrays e HashTables

Um Array armazena elementos sequencialmente, permitindo o acesso pelo índice numérico. Ele é ideal para coleções onde a ordem dos itens é relevante.

Uma HashTable armazena pares de chave-valor, permitindo a recuperação eficiente de dados com base em uma chave específica. Esse formato é útil para situações onde os dados precisam ser acessados de forma rápida sem a necessidade de percorrer toda a coleção.

Arrays são mais simples e lineares, enquanto HashTables oferecem busca otimizada por meio de chaves nomeadas. Ambas as estruturas podem ser utilizadas conforme a necessidade do script.

Métodos para criar e manipular Arrays

Criar um Array em PowerShell é simples e pode ser feito com colchetes ou operadores de atribuição:

powershell

```
$meuArray = @("Windows", "Linux", "macOS")
$numeros = 1, 2, 3, 4, 5
```

Os elementos podem ser acessados pelo índice, sendo que a contagem começa em zero:

powershell

```
$meuArray[0]  # Retorna "Windows"
$numeros[2]   # Retorna 3
```

Para adicionar elementos, o operador += é utilizado:

powershell

```
$meuArray += "Android"
```

Para remover um item, é necessário criar um novo Array excluindo o elemento indesejado:

powershell

```
$meuArray = $meuArray | Where-Object { $_ -ne "Linux" }
```

Arrays podem ser ordenados e filtrados:

powershell

```
$ordenado = $numeros | Sort-Object
$pares = $numeros | Where-Object { $_ % 2 -eq 0 }
```

Como acessar e modificar elementos de Arrays

O PowerShell permite modificar elementos diretamente:

powershell

```
$meuArray[1] = "Debian"
```

O tamanho do Array é obtido com:

powershell

```
$meuArray.Count
```

Os Arrays podem ser percorridos com loops:

powershell

```
foreach ($sistema in $meuArray) {
    Write-Output "Sistema Operacional: $sistema"
}
```

A manipulação eficiente de Arrays inclui a concatenação e mesclagem de coleções:

powershell

```
$outroArray = @("BSD", "Solaris")
$novoArray = $meuArray + $outroArray
```

Criando HashTables e trabalhando com chaves e valores

Uma HashTable é criada com @{} e os valores são definidos como pares de chave-valor:

powershell

```
$usuarios = @{
    "Admin" = "Administrador"
    "User01" = "Padrão"
    "Guest" = "Convidado"
}
```

O acesso aos valores ocorre via chave:

powershell

```
$usuarios["Admin"]
```

Novos pares podem ser adicionados dinamicamente:

powershell

```
$usuarios["Suporte"] = "Técnico"
```

Para modificar um valor existente:

powershell

```
$usuarios["User01"] = "Usuário Avançado"
```

Remover um item envolve o método Remove:

powershell

```
$usuarios.Remove("Guest")
```

Para listar todas as chaves e valores:

powershell

```
$usuarios.Keys
$usuarios.Values
```

É possível iterar sobre uma HashTable com um loop foreach:

powershell

```
foreach ($chave in $usuarios.Keys) {
    Write-Output "Usuário: $chave - Perfil: $usuarios[$chave]"
}
```

Aplicações práticas: Filtragem e manipulação de grandes volumes de dados

Quando se trabalha com muitos dados, a HashTable é mais

eficiente do que um Array para buscas diretas. Um exemplo prático é a associação de endereços IP a nomes de servidores:

powershell

```
$servidores = @{
    "192.168.1.1" = "Servidor01"
    "192.168.1.2" = "Servidor02"
    "192.168.1.3" = "Servidor03"
}

$ip = "192.168.1.2"
if ($servidores.ContainsKey($ip)) {
    Write-Output "O IP $ip pertence ao servidor
$servidores[$ip]"
} else {
    Write-Output "IP não encontrado"
}
```

Ao lidar com listas extensas, a HashTable garante acesso instantâneo, enquanto Arrays exigem pesquisa linear.

Erros Comuns e Soluções

Erro: Índice fora do intervalo ao acessar Arrays
Causa: Tentativa de acessar um índice inexistente.

Solução: Verificar o tamanho do Array antes de acessar um índice.

powershell

```
if ($indice -lt $meuArray.Count) {
    $meuArray[$indice]
} else {
    Write-Output "Índice inválido"
}
```

Erro: Chave inexistente em HashTable
Causa: Tentativa de acessar uma chave que não existe.

Solução: Usar ContainsKey antes de acessar.

powershell

```
if ($usuarios.ContainsKey("Admin")) {
    Write-Output "Admin encontrado"
}
```

Erro: Adicionar valores duplicados em HashTable
Causa: Chaves são únicas.

Solução: Atualizar valor em vez de adicionar.

powershell

```
$usuarios["Admin"] = "Super Admin"
```

Erro: Conversão de tipos inesperada ao manipular Arrays
Causa: Arrays podem conter tipos diferentes.

Solução: Garantir que todos os elementos sejam do mesmo tipo.

powershell

```
$numeros = 1, 2, "três"  # Erro
```

Erro: Performance ruim ao procurar elementos em um Array longo
Causa: Pesquisa linear em Arrays extensos.

Solução: Usar HashTable para busca eficiente.

Boas práticas e aplicações reais

- **Usar Arrays para coleções ordenadas onde a sequência**

importa
Arrays são úteis para listas onde a ordem é relevante, como logs de eventos.

- **Usar HashTables para buscas rápidas**
Se a necessidade for localizar rapidamente valores associados a uma chave, HashTables são mais eficientes.

- **Evitar redimensionamento excessivo de Arrays**
Como Arrays são imutáveis, cada modificação cria um novo Array, impactando a performance.

- **Converter Arrays em HashTables para otimizar buscas**
Caso um Array contenha pares de dados que serão frequentemente pesquisados, convertê-lo para HashTable melhora a eficiência.

powershell

```
$hash = @{}
$meuArray | ForEach-Object { $hash[$_] = $true }
```

- **Utilizar loops otimizados para manipulação de grandes coleções**
Ao lidar com grandes conjuntos de dados, Where-Object pode ser substituído por lógica condicional direta para melhor desempenho.

A escolha entre Arrays e HashTables depende do objetivo do script. Arrays são simples e diretos, enquanto HashTables oferecem acesso rápido a informações indexadas por chave. O domínio dessas estruturas permite construir scripts otimizados e de alto desempenho, garantindo soluções eficazes para manipulação de dados em PowerShell.

CAPÍTULO 9. MANIPULAÇÃO DE ARQUIVOS E DIRETÓRIOS

A manipulação de arquivos e diretórios é um dos pilares da administração de sistemas, e o PowerShell oferece um conjunto robusto de cmdlets para automatizar essas operações. Ao dominar essas ferramentas, é possível **criar, mover, copiar, excluir, renomear e gerenciar arquivos e pastas de maneira eficiente**. A automação reduz erros manuais, melhora a organização e otimiza fluxos de trabalho administrativos.

Criando, movendo, copiando e excluindo arquivos e diretórios

Os cmdlets fundamentais para manipulação de arquivos e diretórios incluem:

- New-Item: Criação de arquivos e diretórios.
- Move-Item: Movimentação de arquivos e pastas.
- Copy-Item: Cópia de arquivos e diretórios.
- Remove-Item: Exclusão de arquivos e pastas.

Criar um arquivo ou pasta é um processo simples. Um novo arquivo de texto pode ser gerado rapidamente:

powershell

```
New-Item -Path "C:\Logs\log.txt" -ItemType File
```

Para criar uma pasta:

powershell

```
New-Item -Path "C:\Relatorios" -ItemType Directory
```

Mover arquivos para outra pasta exige apenas um comando:

powershell

Move-Item -Path "C:\Logs\log.txt" -Destination "C:\Backup"

A cópia de arquivos mantém o original intacto:

powershell

Copy-Item -Path "C:\Backup\log.txt" -Destination "C:\Logs"

A exclusão de arquivos requer atenção, pois essa ação não pode ser revertida sem backup:

powershell

Remove-Item -Path "C:\Logs\log.txt"

Caso seja necessário apagar uma pasta inteira com seu conteúdo:

powershell

Remove-Item -Path "C:\Logs" -Recurse -Force

A opção -Recurse garante que todos os arquivos dentro do diretório sejam removidos.

Renomeação e manipulação em massa de arquivos

O cmdlet Rename-Item altera o nome de arquivos e diretórios rapidamente:

powershell

Rename-Item -Path "C:\Relatorios\outubro.txt" -NewName "novembro.txt"

Quando há múltiplos arquivos, loops ForEach-Object facilitam a renomeação em massa. Um exemplo prático é modificar a extensão de arquivos:

powershell

```
Get-ChildItem -Path "C:\Fotos" -Filter "*.jpeg" |
ForEach-Object { Rename-Item -Path $_.FullName -NewName
($_.BaseName + ".jpg") }
```

Outro caso comum é adicionar um prefixo ou sufixo aos arquivos:

powershell

```
Get-ChildItem "C:\Relatorios" -Filter "*.txt" |
ForEach-Object { Rename-Item -Path $_.FullName -NewName
("Relatorio_" + $_.Name) }
```

Essas abordagens otimizam fluxos de trabalho onde grandes quantidades de arquivos precisam ser processadas rapidamente.

Extração de informações de diretórios e permissões

A recuperação de informações detalhadas de arquivos e diretórios permite auditorias e controle organizacional. O cmdlet Get-ChildItem lista todos os itens em uma pasta:

powershell

```
Get-ChildItem -Path "C:\Projetos"
```

Para exibir somente diretórios:

powershell

```
Get-ChildItem -Path "C:\Projetos" -Directory
```

Caso seja necessário visualizar arquivos com mais detalhes, o uso de Select-Object aprimora a saída:

powershell

```
Get-ChildItem -Path "C:\Projetos" | Select-Object Name, Length,
```

LastWriteTime

Para verificar permissões de arquivos e diretórios, o cmdlet Get-Acl é essencial:

powershell

Get-Acl -Path "C:\Projetos\Documento.docx" | Format-List

Alterar permissões pode ser feito com Set-Acl, garantindo controle sobre acessos de usuários. Um exemplo comum é conceder permissões totais a um usuário específico:

powershell

```
$acl = Get-Acl "C:\Projetos\Documento.docx"
$rule = New-Object
System.Security.AccessControl.FileSystemAccessRule("Usuario", "FullControl", "Allow")
$acl.SetAccessRule($rule)
Set-Acl -Path "C:\Projetos\Documento.docx" -AclObject $acl
```

Essas práticas são fundamentais para ambientes onde a segurança dos arquivos é uma prioridade.

Processamento de arquivos em lote para administração eficiente

O PowerShell permite manipular múltiplos arquivos simultaneamente, automatizando tarefas recorrentes. Para remover todos os arquivos .tmp de um diretório:

powershell

```
Get-ChildItem -Path "C:\Temp" -Filter "*.tmp" | Remove-Item -Force
```

Caso seja necessário excluir arquivos antigos, um filtro baseado na data de modificação pode ser aplicado:

powershell

```
Get-ChildItem -Path "C:\Logs" | Where-Object
{ $_.LastWriteTime -lt (Get-Date).AddDays(-30) } | Remove-Item
-Force
```

O backup automatizado de arquivos específicos pode ser estruturado da seguinte forma:

powershell

```
$origem = "C:\Projetos"
$destino = "C:\Backup\$(Get-Date -Format 'yyyyMMdd')"

New-Item -Path $destino -ItemType Directory
Get-ChildItem -Path $origem | Copy-Item -Destination $destino
-Recurse
```

Esse método gera um diretório com a data do backup, garantindo organização e rastreabilidade.

Automação de backup e organização de arquivos

A criação de backups periódicos pode ser integrada ao **Agendador de Tarefas** do Windows, garantindo a execução automática do script. Um exemplo prático inclui compactação dos arquivos antes da transferência:

powershell

```
Compress-Archive -Path "C:\Projetos\*" -DestinationPath "C:
\Backup\Projetos.zip"
```

A restauração pode ser feita com:

powershell

```
Expand-Archive       -Path       "C:\Backup\Projetos.zip"       -
DestinationPath "C:\Projetos_Restaurado"
```

Essa abordagem protege informações críticas e evita perda de dados.

Erros Comuns e Soluções

Erro: Caminho não encontrado ao manipular arquivos
Causa: O diretório pode não existir.

Solução: Verificar a existência do caminho antes da operação.

powershell

```
if (Test-Path "C:\Relatorios") { Move-Item -Path "C:\Relatorios" -Destination "D:\Arquivos" }
```

Erro: Arquivo já existente ao copiar ou mover
Causa: O arquivo de destino pode estar presente.

Solução: Adicionar -Force para sobrescrever.

powershell

```
Copy-Item -Path "C:\Novo.txt" -Destination "D:\Backup.txt" -Force
```

Erro: Acesso negado ao excluir arquivos
Causa: Falta de permissões para remoção.

Solução: Executar o PowerShell como administrador.

Erro: Arquivos não encontrados ao tentar deletar
Causa: O script pode estar procurando em um diretório errado.

Solução: Validar o caminho antes de executar.

powershell

```
if (Test-Path "C:\Temp") { Remove-Item -Path "C:\Temp\*.log" -Force }
```

Boas práticas e aplicações reais

- **Utilizar scripts para manter diretórios organizados**
  Scripts podem mover arquivos antigos automaticamente para pastas de arquivamento.
- **Automatizar backups regulares**
  A implementação de scripts agendados reduz o risco de perda de informações.
- **Gerenciar permissões de forma centralizada**
  Scripts garantem que usuários tenham acesso correto aos arquivos sem configurações manuais.
- **Remover arquivos desnecessários periodicamente**
  A limpeza automatizada evita desperdício de espaço no disco.

A manipulação de arquivos e diretórios no PowerShell é essencial para **administração eficiente de sistemas**. Automatizar tarefas como backup, organização e controle de permissões reduz o esforço manual e melhora a segurança dos dados. A implementação dessas técnicas torna os processos administrativos mais confiáveis e escaláveis.

CAPÍTULO 10. TRABALHANDO COM REGISTROS E LOGS DO WINDOWS

Os registros e logs do Windows contêm informações essenciais sobre a atividade do sistema, incluindo erros, falhas, eventos críticos e ações administrativas. O PowerShell oferece recursos avançados para acessar, filtrar e analisar esses logs, permitindo que administradores de sistemas monitorem eventos, identifiquem anomalias e automatizem auditorias de segurança. Ao dominar a manipulação de registros de eventos, é possível implementar mecanismos de monitoramento proativo, prevenir falhas e assegurar a conformidade com as políticas de TI.

Introdução aos logs do Windows e sua importância

O Windows armazena eventos e registros no **Event Viewer (Visualizador de Eventos)**. Esses logs são classificados em categorias:

- **Application (Aplicativo)**: Registra eventos relacionados a softwares e serviços instalados.
- **System (Sistema)**: Contém eventos do próprio Windows, como inicializações, desligamentos e falhas.
- **Security (Segurança)**: Armazena tentativas de login, alterações em permissões e auditorias.
- **Setup (Configuração)**: Registra eventos relacionados a instalações do Windows.
- **Forwarded Events (Eventos encaminhados)**: Recebe logs de outros computadores em redes configuradas.

Esses eventos são gerenciados pelo **Windows Event Log**, um serviço que mantém registros estruturados, acessíveis pelo

PowerShell.

Como acessar logs do sistema com PowerShell

O cmdlet principal para acessar eventos do Windows é Get-EventLog. Para listar todos os logs disponíveis:

powershell

```
Get-EventLog -List
```

O resultado exibe logs ativos no sistema e a quantidade de eventos armazenados em cada um. Para visualizar eventos específicos:

powershell

```
Get-EventLog -LogName System -Newest 10
```

Assim, retorna os 10 eventos mais recentes do log **System**, incluindo data, origem e mensagem do evento. Para buscar eventos críticos, como falhas de inicialização:

powershell

```
Get-EventLog -LogName System -EntryType Error -Newest 5
```

Caso seja necessário visualizar logs de segurança, que contêm registros de autenticação e permissões, o seguinte comando pode ser usado:

powershell

```
Get-EventLog -LogName Security -Newest 5
```

Filtrando e analisando eventos críticos

O PowerShell permite filtrar eventos por ID, palavra-chave ou período de tempo. Para buscar eventos específicos por ID:

powershell

```
Get-EventLog -LogName System -InstanceId 6008
```

O ID 6008 indica desligamentos inesperados do sistema. Para encontrar falhas de login:

powershell

```
Get-EventLog -LogName Security | Where-Object { $_.InstanceId -eq 4625 }
```

Para visualizar eventos em um período específico, pode-se definir um intervalo de datas:

powershell

```
$inicio = (Get-Date).AddDays(-7)
Get-EventLog -LogName Application -After $inicio
```

Esta instrução recupera os eventos do log 'Application' registrados nos últimos sete dias.

Monitoramento e auditoria automatizada de logs

A automação do monitoramento de logs evita inspeção manual constante. Um script pode ser programado para verificar eventos de falha no sistema e notificar o administrador por e-mail ou registrar alertas em um arquivo.

O comando abaixo verifica eventos críticos e salva o resultado em um arquivo de auditoria:

powershell

```
$eventos = Get-EventLog -LogName System -EntryType Error -Newest 50
$eventos | Out-File -FilePath "C:\Logs\ErrosRecentes.txt"
```

Caso seja necessário gerar alertas para eventos críticos e enviar e-mails automaticamente:

powershell

```
$eventosCriticos = Get-EventLog -LogName System -EntryType
Error -Newest 1
if ($eventosCriticos) {
   Send-MailMessage -To "admin@empresa.com" -From
"servidor@empresa.com" -Subject "Alerta de erro crítico" -Body
$eventosCriticos.Message -SmtpServer "smtp.empresa.com"
}
```

A automação desse processo minimiza o tempo de resposta a incidentes, garantindo a rápida mitigação de falhas.

Exportação de logs para análise externa (CSV, JSON)

Para facilitar a análise de logs, os eventos podem ser exportados para arquivos em formatos estruturados, como **CSV** e **JSON**.

Exportação para CSV, permitindo análise em planilhas:

powershell

```
Get-EventLog -LogName Application -Newest 100 | Export-Csv -
Path "C:\Logs\Aplicacao.csv" -NoTypeInformation
```

Exportação para JSON, útil para integração com sistemas de monitoramento:

powershell

```
Get-EventLog -LogName Security -Newest 50 | ConvertTo-Json |
Out-File "C:\Logs\Seguranca.json"
```

Tais formatos permitem que administradores utilizem ferramentas externas para análise avançada.

Automação de alertas de eventos do Windows

Ao configurar **tarefas agendadas**, é possível garantir que scripts sejam executados periodicamente para monitoramento de eventos. O exemplo a seguir cria um script que verifica falhas no sistema e gera alertas:

powershell

```
$eventosErro = Get-EventLog -LogName System -EntryType
Error -Newest 10
if ($eventosErro) {
    Add-Content -Path "C:\Logs\Monitoramento.txt" -Value "Erro
detectado em $(Get-Date)"
}
```

Esse script pode ser configurado no **Task Scheduler** do Windows para rodar diariamente e armazenar relatórios de falhas.

Erros Comuns e Soluções

Erro: LogName não encontrado
Causa: O nome do log pode estar incorreto ou não existir no sistema.

Solução: Verificar logs disponíveis com Get-EventLog -List antes de executar comandos.

Erro: Nenhum evento encontrado na consulta
Causa: O filtro pode estar muito restritivo.

Solução: Ampliar a busca reduzindo filtros ou aumentando o número de eventos retornados.

Erro: Acesso negado ao visualizar logs de segurança
Causa: Logs de segurança exigem privilégios administrativos.

Solução: Executar o PowerShell como administrador.

Erro: Falha ao enviar e-mail de alerta
Causa: Configuração de SMTP incorreta ou bloqueio de envio.

Solução: Validar os parâmetros do Send-MailMessage e verificar regras do servidor de e-mails.

Erro: Permissão negada ao exportar logs
Causa: Caminho de destino sem permissões adequadas.

Solução: Garantir permissões de escrita no diretório

especificado.

Boas práticas e aplicações reais

- **Criar scripts para auditoria automatizada de eventos críticos**
  Administradores podem configurar verificações programadas para garantir que falhas sejam identificadas rapidamente.

- **Exportar logs regularmente para análise externa**
  Isso permite rastreamento detalhado de eventos em planilhas e ferramentas especializadas.

- **Utilizar filtros eficientes para análise rápida**
  Reduzir a quantidade de eventos retornados evita sobrecarga na análise.

- **Configurar alertas em tempo real para eventos de segurança**
  Monitorar tentativas de login falhas ajuda a prevenir acessos não autorizados.

- **Manter registros organizados para auditoria de longo prazo**
  A criação de backups periódicos de logs garante rastreamento histórico.

O monitoramento eficiente dos registros e logs do Windows melhora a **segurança, a administração de sistemas e a resolução de problemas críticos**. O PowerShell fornece recursos poderosos para acessar, filtrar e exportar eventos, permitindo automação completa do gerenciamento de logs. Com scripts bem estruturados, é possível criar **alertas proativos, garantir conformidade com auditorias e reduzir o tempo de resposta a incidentes**, tornando a administração mais eficiente e estratégica.

CAPÍTULO 11. CRIANDO FUNÇÕES E MÓDULOS NO POWERSHELL

Criar funções e módulos no PowerShell permite **organizar, modularizar e reutilizar código**, tornando os scripts mais eficientes e fáceis de manter. Funções encapsulam **blocos de código reutilizáveis**, reduzindo repetições e melhorando a estrutura dos scripts. Módulos agrupam **múltiplas funções**, facilitando a distribuição e o uso compartilhado de comandos personalizados.

Como criar funções personalizadas no PowerShell

As funções são definidas com a palavra-chave function, seguidas de um nome significativo e um bloco de código {} contendo as instruções executadas.

powershell

```
function Exibir-Mensagem {
    Write-Output "Este é um exemplo de função no PowerShell."
}
```

Exibir-Mensagem

Esse código define uma função **Exibir-Mensagem**, que exibe um texto no console quando chamada.

Funções podem aceitar **parâmetros**, permitindo maior flexibilidade. Um exemplo com entrada dinâmica:

powershell

```powershell
function Saudacao {
  param (
    [string]$Nome
  )
  Write-Output "Olá, $Nome! Seja bem-vindo ao PowerShell."
}

Saudacao -Nome "Diego"
```

Esse script recebe um **nome como argumento** e exibe uma saudação personalizada. A palavra-chave param define os parâmetros esperados pela função.

Parâmetros e retorno de valores em funções

Funções podem ter múltiplos parâmetros, com tipos definidos para garantir entradas corretas.

powershell

```powershell
function Somar-Numeros {
  param (
    [int]$Numero1,
    [int]$Numero2
  )
  return $Numero1 + $Numero2
}

$resultado = Somar-Numeros -Numero1 10 -Numero2 20
Write-Output "O resultado da soma é: $resultado"
```

O PowerShell **retorna automaticamente o último valor processado**, mas return pode ser usado para clareza.

Funções podem definir **valores padrão para parâmetros**, tornando-os opcionais:

powershell

```powershell
function Multiplicar {
```

```powershell
param (
    [int]$Valor = 2
)
return $Valor * 5
}

Multiplicar 10  # Retorna 50
Multiplicar     # Retorna 10, pois o valor padrão é 2
```

Modularização e organização do código

Scripts extensos podem se tornar complexos e difíceis de manter. Para melhorar a organização, funções podem ser **separadas por responsabilidade**. Um script estruturado contém **múltiplas funções reutilizáveis**:

powershell

```powershell
function Obter-Data {
    return Get-Date -Format "dd/MM/yyyy HH:mm:ss"
}

function Criar-Log {
    param ([string]$Mensagem)
    $dataHora = Obter-Data
    Add-Content -Path "C:\Logs\log.txt" -Value "$dataHora -
$Mensagem"
}

Criar-Log -Mensagem "Processo concluído"
```

Esse modelo melhora a reutilização, tornando o código **modular e mais fácil de depurar**.

Criando e importando módulos personalizados

Módulos agrupam funções para reutilização em diferentes scripts. Um módulo é um arquivo .psm1 contendo funções organizadas. Para criar um módulo:

1. Criar um arquivo **MeuModulo.psm1** com funções internas:

powershell

```
function Converter-Maiusculas {
    param ([string]$Texto)
    return $Texto.ToUpper()
}

function Converter-Minusculas {
    param ([string]$Texto)
    return $Texto.ToLower()
}
```

2. Salvar o arquivo no diretório de módulos do PowerShell:

powershell

```
C:\Program Files\WindowsPowerShell\Modules\MeuModulo
\MeuModulo.psm1
```

3. Criar um arquivo **MeuModulo.psd1** (descrição do módulo) para facilitar sua distribuição:

powershell

```
@{
    ModuleVersion = "1.0"
    Author = "Diego Rodrigues"
    Description = "Módulo com funções de conversão de texto."
    RootModule = "MeuModulo.psm1"
    FunctionsToExport = @("Converter-Maiusculas", "Converter-Minusculas")
}
```

4. Importar o módulo no PowerShell:

powershell

```
Import-Module MeuModulo
```

Após a importação, as funções ficam disponíveis para uso imediato:

powershell

```
Converter-Maiusculas -Texto "PowerShell é incrível!"
```

Estratégias para reutilização eficiente de código

- **Criar funções modulares** para evitar repetição de código.
- **Utilizar nomes descritivos** para melhorar a legibilidade.
- **Adicionar documentação com comentários** para facilitar manutenção.

Para documentar funções corretamente, o PowerShell permite a criação de **blocos de ajuda internos**:

powershell

```
function Somar {
    <#
    .SYNOPSIS
    Soma dois números inteiros.
    .DESCRIPTION
    Essa função recebe dois números inteiros e retorna a soma.
    .PARAMETER Numero1
    Primeiro número da soma.
    .PARAMETER Numero2
    Segundo número da soma.
    .EXAMPLE
    Somar -Numero1 5 -Numero2 10
    .NOTES
```

```
Criado por Diego Rodrigues.
#>
param (
    [int]$Numero1,
    [int]$Numero2
)
return $Numero1 + $Numero2
}
```

Esse formato permite que a função seja documentada internamente e consultada com o comando Get-Help:

powershell

```
Get-Help Somar -Detailed
```

Publicação de módulos no PowerShell Gallery

O **PowerShell Gallery** permite a distribuição de módulos para outros usuários. Para publicar um módulo:

1. Criar um perfil no PowerShell Gallery.
2. Salvar o módulo em um diretório nomeado corretamente (MeuModulo).
3. Publicar usando o cmdlet Publish-Module:

powershell

```
Publish-Module -Path "C:\Program Files\WindowsPowerShell
\Modules\MeuModulo" -NuGetApiKey "SUA-CHAVE-API"
```

Após publicado, o módulo pode ser instalado globalmente com:

powershell

```
Install-Module -Name MeuModulo
```

Erros Comuns e Soluções

Erro: Função não encontrada após definição
Causa: O script pode não estar carregando corretamente.

Solução: Executar o script antes de chamar a função.

Erro: Parâmetros inválidos ao chamar uma função
Causa: Tipo incorreto de dados passados como argumento.

Solução: Definir tipos de parâmetros e validar entrada.

Erro: Módulo não importado corretamente
Causa: Caminho incorreto ou módulo não salvo no diretório correto.

Solução: Verificar o caminho e usar Import-Module corretamente.

Erro: Permissão negada ao instalar módulos
Causa: Execução sem privilégios administrativos.

Solução: Executar o PowerShell como administrador.

Erro: Função não exportada no módulo
Causa: O módulo não declara corretamente as funções exportadas.

Solução: Incluir FunctionsToExport no arquivo .psd1.

Boas práticas e aplicações reais

- **Criar módulos reutilizáveis** para evitar retrabalho.
- **Utilizar convenções de nomenclatura** padronizadas.
- **Documentar funções com** Get-Help para facilitar uso.
- **Publicar módulos na PowerShell Gallery** para distribuição.
- **Organizar scripts em módulos separados** para maior clareza.

A criação de funções e módulos no PowerShell melhora a estrutura dos scripts, reduz erros e otimiza a reutilização do código. Funções personalizadas tornam o código mais flexível, enquanto módulos organizam e distribuem essas funções de forma eficiente. A adoção dessas práticas permite automação escalável e manutenção facilitada, tornando o **PowerShell uma ferramenta ainda mais poderosa** para administração e desenvolvimento.

CAPÍTULO 12 – GERENCIAMENTO DE PROCESSOS E SERVIÇOS

A administração eficiente de sistemas exige um controle rigoroso sobre **processos em execução e serviços do sistema operacional**. O PowerShell oferece comandos robustos para monitorar, interromper e automatizar essas atividades, permitindo que administradores tenham total controle sobre o ambiente de execução.

Os processos são executáveis em funcionamento que consomem recursos como **CPU, memória e disco**, enquanto os serviços são aplicações que operam em segundo plano para fornecer funcionalidades essenciais ao sistema, como gerenciamento de rede, impressão e segurança. Ter domínio sobre o gerenciamento desses elementos permite otimizar o desempenho do sistema, resolver problemas rapidamente e garantir que aplicações críticas operem sem interrupções.

Este capítulo explora os comandos essenciais para listar, monitorar e encerrar processos, além das melhores práticas para iniciar, interromper e configurar serviços do sistema operacional. Também serão abordadas técnicas para automatizar tarefas administrativas, reduzindo a necessidade de intervenção manual e garantindo uma execução mais eficiente das operações.

Como listar e encerrar processos

Os processos do sistema podem ser visualizados no PowerShell através do **cmdlet Get-Process**, que exibe informações detalhadas sobre cada aplicativo em execução.

powershell

Get-Process

Esse comando retorna uma lista dos processos ativos, exibindo detalhes como **ID do processo (PID), nome e consumo de CPU**. Para filtrar processos específicos, o parâmetro -Name pode ser utilizado:

powershell

Get-Process -Name "notepad"

Se for necessário encerrar um processo, o cmdlet **Stop-Process** permite interrompê-lo de forma imediata:

powershell

Stop-Process -Name "notepad"

Para interromper um processo utilizando o **ID do processo**, é possível executar:

powershell

Stop-Process -Id 1234

Onde **1234** representa o identificador do processo, que pode ser obtido na listagem do Get-Process.

Caso seja necessário encerrar múltiplos processos simultaneamente, o PowerShell permite manipulação avançada utilizando **Where-Object** para filtrar processos com base em critérios específicos:

powershell

Get-Process | Where-Object { $_.CPU -gt 50 } | Stop-Process

Esse comando encontra processos que estão consumindo **mais de 50% da CPU** e os encerra automaticamente.

Se o encerramento de um processo for crítico e houver risco de interrupção de uma operação importante, é recomendável utilizar -WhatIf para simular a ação antes de executá-la:

powershell

Stop-Process -Name "explorer" -WhatIf

Esta instrução exibe a ação que seria realizada, sem efetivamente finalizar o processo.

Controle de serviços do sistema operacional

Os serviços são componentes essenciais do sistema, responsáveis por executar tarefas de fundo que garantem o funcionamento de diversas funcionalidades do sistema operacional. No PowerShell, o **cmdlet Get-Service** permite listar todos os serviços disponíveis e seus respectivos status.

powershell

Get-Service

Para exibir informações de um serviço específico, o parâmetro -Name pode ser utilizado:

powershell

Get-Service -Name "Spooler"

Esse comando retorna o status do serviço **Spooler**, responsável pelo gerenciamento de filas de impressão.

Os serviços podem ser **iniciados, interrompidos e reiniciados** conforme necessário utilizando os seguintes comandos:

- **Iniciar um serviço**

powershell

Start-Service -Name "Spooler"

- **Parar um serviço**

powershell

```
Stop-Service -Name "Spooler"
```

- **Reiniciar um serviço**

powershell

```
Restart-Service -Name "Spooler"
```

O controle de serviços também pode ser aplicado a múltiplos elementos simultaneamente. Para listar apenas os serviços que estão parados, pode-se utilizar:

powershell

```
Get-Service | Where-Object { $_.Status -eq "Stopped" }
```

Se for necessário iniciar todos os serviços que estão desativados, o comando pode ser combinado com Start-Service:

powershell

```
Get-Service | Where-Object { $_.Status -eq "Stopped" } | Start-
Service
```

Essa abordagem permite restaurar serviços críticos sem a necessidade de intervenção manual.

Automação de tarefas administrativas

A automação do gerenciamento de processos e serviços no PowerShell reduz a necessidade de monitoramento manual, garantindo que o sistema opere de forma eficiente e segura.

Uma estratégia comum é a verificação periódica do status de serviços essenciais. Um script pode ser configurado para reiniciar automaticamente serviços que foram interrompidos inesperadamente:

powershell

```
$servico = Get-Service -Name "Spooler"

if ($servico.Status -eq "Stopped") {
    Restart-Service -Name "Spooler"
    Write-Output "O serviço Spooler foi reiniciado
automaticamente."
}
```

Esse comando verifica se o serviço **Spooler** está parado e, se necessário, o reinicia automaticamente.

Outra automação útil é o **encerramento de processos que excedem um limite de consumo de CPU ou memória**, prevenindo travamentos do sistema:

powershell

```
$processos = Get-Process | Where-Object { $_.CPU -gt 80 }

foreach ($proc in $processos) {
    Stop-Process -Id $proc.Id -Force
    Write-Output "Processo $($proc.Name) encerrado devido ao
alto consumo de CPU."
}
```

Tal script monitora processos que **ultrapassam 80% de uso da CPU** e os encerra automaticamente.

Erros Comuns e Soluções

Erro: "Access is denied" ao tentar encerrar um processo

Causa: Alguns processos exigem permissões administrativas para serem encerrados.

Solução: Executar o PowerShell como **administrador** antes de utilizar Stop-Process.

powershell

```
Start-Process powershell -Verb RunAs
```

Esta instrução abre uma nova instância do PowerShell com permissões administrativas.

Erro: "Cannot stop service" ao tentar interromper um serviço

Causa: O serviço pode estar configurado para execução obrigatória pelo sistema.

Solução: Se for um serviço crítico, é recomendável verificar as dependências antes de tentar interrompê-lo.

powershell

```
Get-Service -Name "Spooler" -DependentServices
```

Este comando lista todos os serviços que dependem do Spooler, permitindo a análise de possíveis impactos na operação do sistema

Erro: "No process found" ao tentar encerrar um processo específico

Causa: O nome ou ID do processo pode estar incorreto ou o processo já foi finalizado.

Solução: Confirmar a existência do processo antes de tentar encerrá-lo:

powershell

```
Get-Process -Name "notepad"
```

Se o processo não estiver listado, ele já pode ter sido encerrado.

Boas práticas e aplicações reais

Monitorar o consumo de CPU e memória de processos em tempo real para evitar sobrecarga.

Automatizar a reinicialização de serviços críticos para manter a estabilidade do sistema.

Utilizar scripts de verificação periódica para detectar e encerrar processos problemáticos.

Criar rotinas de análise de logs para identificar padrões e otimizar o desempenho do ambiente.

O gerenciamento de **processos e serviços** no PowerShell proporciona controle total sobre o sistema operacional, permitindo **monitoramento em tempo real, automação de tarefas administrativas e resposta rápida a falhas**.

O domínio dessas técnicas melhora a estabilidade do ambiente operacional, reduzindo falhas e garantindo que aplicações críticas funcionem sem interrupções. Aplicando esses conceitos, é possível automatizar operações repetitivas, otimizar o desempenho do sistema e garantir maior confiabilidade no gerenciamento de processos e serviços.

CAPÍTULO 13. ADMINISTRAÇÃO DE USUÁRIOS E PERMISSÕES

A administração eficiente de usuários e permissões é essencial para garantir a segurança e organização de um ambiente de TI. Com o PowerShell, é possível **criar, gerenciar e automatizar** o controle de contas de usuários e grupos, além de definir permissões de acesso de forma precisa. Isso reduz a necessidade de intervenção manual e melhora a governança sobre os recursos do sistema.

Este capítulo aborda a criação e gerenciamento de usuários e grupos, a configuração de permissões de acesso, além de técnicas para automatizar tarefas administrativas relacionadas a usuários. Também serão exploradas as falhas mais frequentes e como evitá-las, garantindo que os administradores consigam manter um ambiente seguro e eficiente.

Criando e gerenciando usuários e grupos

A criação de contas de usuários e grupos pode ser feita diretamente pelo PowerShell, eliminando a necessidade de utilizar interfaces gráficas.

Para criar um novo usuário local no Windows, utiliza-se o cmdlet New-LocalUser:

powershell

```
New-LocalUser -Name "usuario01" -Password (ConvertTo-SecureString "SenhaForte123!" -AsPlainText -Force) -FullName "Usuário Exemplo" -Description "Conta criada via PowerShell"
```

O comando acima cria um usuário chamado usuario01 com uma senha definida e informações adicionais, como nome completo e descrição.

Para adicionar esse usuário a um grupo local, usa-se o cmdlet Add-LocalGroupMember:

powershell

Add-LocalGroupMember -Group "Administradores" -Member "usuario01"

Esse comando insere usuario01 no grupo **Administradores**, garantindo que ele tenha permissões elevadas no sistema.

No Active Directory, a criação de usuários é feita com New-ADUser:

powershell

New-ADUser -Name "Joao Silva" -GivenName "Joao" -Surname "Silva" -SamAccountName "jsilva" -UserPrincipalName "jsilva@empresa.com" -Path "OU=Usuarios,DC=empresa,DC=com" -AccountPassword (ConvertTo-SecureString "SenhaForte123!" -AsPlainText -Force) -Enabled $true

Esta instrução cria um usuário no Active Directory, definindo atributos como nome, credenciais e conta associada

Para listar todos os usuários de um domínio, pode-se utilizar:

powershell

Get-ADUser -Filter * | Select-Object Name, SamAccountName, Enabled

Este comando lista todos os usuários, exibindo seus logins e o status das contas, indicando se estão ativas ou desativadas.

Se for necessário excluir um usuário, utiliza-se o cmdlet Remove-LocalUser no ambiente local:

powershell

```
Remove-LocalUser -Name "usuario01"
```

No Active Directory, a remoção pode ser feita com:

powershell

```
Remove-ADUser -Identity "jsilva" -Confirm:$false
```

Essa instrução exclui o usuário **jsilva** sem solicitar confirmação.

Controle de permissões com PowerShell

Gerenciar permissões de arquivos e diretórios é fundamental para garantir que apenas usuários autorizados tenham acesso a determinados recursos. O PowerShell permite modificar permissões com o cmdlet icacls:

powershell

```
icacls "C:\Projetos" /grant "usuario01:(F)"
```

Este comando concede ao usuário 'usuario01' controle total sobre a pasta 'C:\Projetos'

Para remover uma permissão específica:

powershell

```
icacls "C:\Projetos" /remove "usuario01"
```

Se for necessário listar as permissões atuais de uma pasta:

powershell

```
icacls "C:\Projetos"
```

No ambiente do Active Directory, o controle de permissões pode ser feito através do cmdlet Get-ACL:

powershell

```
$acl = Get-Acl -Path "C:\Projetos"
$acl.Access
```

Esse comando exibe as permissões configuradas no diretório especificado.

Para definir permissões específicas, pode-se utilizar:

powershell

```
$acl = Get-Acl "C:\Projetos"
$rule = New-Object
System.Security.AccessControl.FileSystemAccessRule("usuario
01", "Modify", "Allow")
$acl.SetAccessRule($rule)
Set-Acl -Path "C:\Projetos" -AclObject $acl
```

Permite que usuario01 tenha **permissão de modificação** na pasta C:\Projetos.

Automação de tarefas administrativas relacionadas a usuários

Muitas tarefas de administração de usuários podem ser automatizadas para evitar erros e economizar tempo.

Criar múltiplos usuários a partir de uma lista em CSV:

powershell

```
$usuarios = Import-Csv "C:\usuarios.csv"

foreach ($usuario in $usuarios) {
    New-ADUser -Name $usuario.Nome -GivenName
$usuario.Nome -Surname $usuario.Sobrenome -
SamAccountName $usuario.Login -UserPrincipalName
"$($usuario.Login)@empresa.com" -Path
"OU=Usuarios,DC=empresa,DC=com" -AccountPassword
(ConvertTo-SecureString $usuario.Senha -AsPlainText -Force) -
Enabled $true
}
```

Esse script lê um arquivo CSV contendo informações de usuários e os cria automaticamente no Active Directory.

Outra automação útil é a **desativação de contas inativas** no Active Directory:

powershell

```
$usuariosInativos = Get-ADUser -Filter {LastLogonDate -lt (Get-Date).AddDays(-90)}

foreach ($usuario in $usuariosInativos) {
    Disable-ADAccount -Identity $usuario.SamAccountName
    Write-Output "Conta desativada: $($usuario.SamAccountName)"
}
```

Localiza e desativa contas que não fazem login há mais de 90 dias, garantindo maior segurança.

Erros Comuns e Soluções

Erro: "Access Denied" ao criar ou modificar usuários

Causa: O PowerShell precisa ser executado com permissões administrativas para gerenciar contas e grupos.

Solução: Abrir o PowerShell como **administrador** antes de executar comandos administrativos.

Erro: "User already exists" ao tentar criar um usuário

Causa: O nome de usuário já existe no sistema.

Solução: Verificar se o usuário está ativo antes da criação:

powershell

```
if (-not (Get-ADUser -Filter {SamAccountName -eq "jsilva"})) {
    New-ADUser -Name "Joao Silva" -SamAccountName "jsilva" -Enabled $true
```

```
} else {
    Write-Output "O usuário já existe."
}
```

Erro: "Cannot find path" ao definir permissões de diretórios

Causa: O diretório especificado pode não existir.

Solução: Criar o diretório antes de modificar permissões:

powershell

```
if (!(Test-Path "C:\Projetos")) {
    New-Item -ItemType Directory -Path "C:\Projetos"
}
```

Erro: "Group does not exist" ao adicionar um usuário a um grupo

Causa: O nome do grupo pode estar incorreto ou não existir no sistema.

Solução: Listar os grupos disponíveis antes de adicionar usuários:

powershell

```
Get-LocalGroup
```

Exibe os grupos locais disponíveis no sistema.

Boas práticas e aplicações reais

Criar **scripts automatizados** para adicionar, remover e atualizar contas de usuários em massa.

Implementar relatórios periódicos para auditar permissões e acessos de usuários.

Configurar permissões mínimas necessárias para evitar riscos de segurança.

Utilizar logs e alertas automatizados para monitorar mudanças em grupos e permissões.

Integrar PowerShell com **ferramentas de gerenciamento centralizado**, como Active Directory e Microsoft Entra ID.

O gerenciamento de **usuários e permissões** com PowerShell oferece controle total sobre contas e acessos dentro do sistema. O domínio dessas técnicas permite que administradores automatizem tarefas críticas, garantam a segurança das informações e otimizem a administração de ambientes de TI.

Os próximos capítulos abordarão estratégias avançadas para automação de tarefas administrativas, monitoramento de logs e integração do PowerShell com serviços externos.

CAPÍTULO 14. AUTOMAÇÃO DE TAREFAS COM AGENDADOR DE TAREFAS

A automação de processos rotineiros aumenta a eficiência operacional e reduz a necessidade de intervenção manual. O PowerShell, integrado ao Agendador de Tarefas do Windows, permite que scripts sejam **executados automaticamente em horários pré-definidos ou acionados por eventos específicos**.

Este capítulo aborda a criação e configuração de tarefas automatizadas, explorando **estratégias para otimizar o agendamento de execuções** e garantir que scripts sejam executados de maneira confiável. Além disso, serão apresentadas técnicas para monitorar execuções e corrigir erros frequentes na automação de tarefas administrativas.

Criando e configurando tarefas automáticas

O Agendador de Tarefas do Windows permite programar a execução de scripts do PowerShell em momentos específicos. A configuração pode ser realizada diretamente pela interface gráfica, mas a abordagem mais eficiente é utilizar o próprio PowerShell para criar e gerenciar essas tarefas.

Para criar uma tarefa agendada que execute um script automaticamente em um horário determinado, utiliza-se o cmdlet New-ScheduledTaskAction:

powershell

```
$acao = New-ScheduledTaskAction -Execute "powershell.exe" -Argument "-File C:\Scripts\Backup.ps1"
```

Esse comando define a ação que será executada, especificando o caminho do script Backup.ps1.

A próxima etapa é definir um gatilho para a execução da tarefa. O cmdlet New-ScheduledTaskTrigger permite configurar diferentes tipos de acionamento:

powershell

```
$gatilho = New-ScheduledTaskTrigger -Daily -At 02:00AM
```

Esse exemplo configura a execução diária do script às 2h da manhã.

Para associar a tarefa ao usuário que irá executá-la, utiliza-se New-ScheduledTaskPrincipal:

powershell

```
$usuario = New-ScheduledTaskPrincipal -UserId "Administrador" -LogonType Interactive
```

Por fim, a tarefa é registrada no sistema com Register-ScheduledTask:

powershell

```
Register-ScheduledTask -TaskName "BackupDiario" -Action $acao -Trigger $gatilho -Principal $usuario -Description "Executa o backup diário dos arquivos"
```

Após a criação, a tarefa pode ser executada manualmente com:

powershell

```
Start-ScheduledTask -TaskName "BackupDiario"
```

E removida, se necessário, com:

powershell

```
Unregister-ScheduledTask -TaskName "BackupDiario" -Confirm:
$false
```

Monitoramento e execução de scripts em horários definidos

O acompanhamento das execuções de tarefas agendadas garante que os scripts estejam rodando conforme esperado. O cmdlet Get-ScheduledTask **exibe todas as tarefas agendadas no sistema:**

powershell

```
Get-ScheduledTask | Select-Object TaskName, State
```

Para visualizar detalhes específicos de uma tarefa:

powershell

```
Get-ScheduledTaskInfo -TaskName "BackupDiario"
```

Esse comando exibe informações como **última execução, próxima execução e falhas registradas**.

Caso um script programado não esteja sendo executado corretamente, pode-se analisar os logs de eventos do Windows para identificar falhas:

powershell

```
Get-EventLog -LogName System -Source "TaskScheduler" -
Newest 10
```

Se for identificado que a tarefa falhou devido a permissões insuficientes, o agendamento pode ser modificado para ser executado com **privilégios elevados**:

powershell

```
Set-ScheduledTask -TaskName "BackupDiario" -User
"Administrador" -RunLevel Highest
```

Estratégias para otimização de agendamentos

A automação eficiente de tarefas envolve o uso de **agendamentos estratégicos** para minimizar o impacto no desempenho do sistema e garantir que scripts sejam executados em momentos adequados.

Distribuir tarefas ao longo do dia – Executar scripts de alto consumo de CPU e memória em horários de menor demanda do sistema.

Evitar sobrecarga de processos simultâneos – Configurar tempos de execução distintos para tarefas que acessam os mesmos recursos.

Ajustar tempos de execução dinâmicos – Criar scripts que determinem horários de execução com base no uso de recursos do sistema.

Utilizar logs detalhados – Registrar logs de execução para facilitar a identificação e correção de falhas.

Um método eficiente para evitar conflitos de execução é verificar se uma instância anterior da tarefa ainda está em execução antes de iniciar uma nova instância:

powershell

```
$processo = Get-Process -Name "BackupScript" -ErrorAction SilentlyContinue

if ($processo) {
    Write-Output "A execução anterior ainda está ativa. Aguardando finalização."
} else {
    Start-ScheduledTask -TaskName "BackupDiario"
}
```

Esse código impede que múltiplas instâncias do mesmo script sejam iniciadas simultaneamente.

Erros Comuns e Soluções

Erro: "Access Denied" ao criar ou executar uma tarefa

Causa: A conta utilizada para agendar a tarefa pode não ter permissões administrativas.

Solução: Executar o PowerShell como administrador e definir o agendamento para rodar com privilégios elevados:

powershell

```
Set-ScheduledTask -TaskName "BackupDiario" -RunLevel Highest
```

Erro: "Task Scheduler failed to start" ao executar uma tarefa

Causa: O caminho do script pode estar incorreto ou não acessível pelo usuário configurado.

Solução: Certificar-se de que o script está armazenado em um local acessível e que o caminho está correto:

powershell

```
Test-Path "C:\Scripts\Backup.ps1"
```

Se o caminho estiver incorreto, o script pode ser movido para um diretório confiável e atualizado na configuração da tarefa.

Erro: "Task completed with exit code 1" após a execução

Causa: O script pode conter erros que impedem sua execução completa.

Solução: Executar o script manualmente para identificar mensagens de erro antes de configurá-lo no agendador:

powershell

```
powershell.exe -File C:\Scripts\Backup.ps1
```

Caso o erro persista, revisar o código para identificar possíveis falhas na lógica de execução.

Erro: "Task did not run at the scheduled time"

Causa: O computador pode estar desligado no momento da execução programada.

Solução: Habilitar a opção "Executar a tarefa assim que possível" após um horário agendado ter sido perdido":

powershell

```
Set-ScheduledTask -TaskName "BackupDiario" -Settings (New-
ScheduledTaskSettingsSet -AllowStartIfOnBatteries $true -
StartWhenAvailable $true)
```

Esta configuração assegura que, se o sistema estiver desligado no horário agendado, a tarefa 'BackupDiario' seja executada automaticamente assim que o sistema for ligado.

Boas práticas e aplicações reais

Criar scripts para automatizar backups, limpezas de arquivos temporários e atualização de logs.

Configurar scripts para serem executados apenas quando necessário, reduzindo a carga no sistema.

Utilizar logs detalhados para registrar cada execução e simplificar a análise de falhas.

Integrar tarefas agendadas com monitoramento de eventos para acionar execuções apenas quando mudanças relevantes ocorrem.

A automação com **Agendador de Tarefas e PowerShell** permite que processos críticos sejam executados sem intervenção manual, garantindo maior eficiência e previsibilidade na administração de sistemas. A configuração de agendamentos estratégicos evita conflitos, otimiza o uso de recursos e melhora a confiabilidade das execuções programadas.

Os próximos capítulos abordarão a **administração avançada de**

processos e serviços, ampliando o controle sobre o sistema operacional e garantindo que ambientes de TI sejam gerenciados de forma ágil e segura.

CAPÍTULO 15. TRABALHANDO COM POWERSHELL REMOTO

A administração remota de sistemas é um componente essencial da gestão de infraestrutura de TI. O PowerShell oferece um conjunto robusto de ferramentas para executar comandos em máquinas remotas, permitindo a automação de tarefas administrativas sem a necessidade de acesso físico aos servidores ou estações de trabalho.

O uso do PowerShell Remoting possibilita a execução de comandos em múltiplos dispositivos simultaneamente, reduzindo o tempo necessário para a aplicação de configurações e atualizações. Esse recurso é amplamente utilizado em **ambientes corporativos, data centers e gestão de servidores em nuvem**, proporcionando maior eficiência operacional e controle centralizado.

Este capítulo apresenta a configuração e uso do PowerShell Remoto, abordando práticas seguras para conexões remotas, automação de múltiplos servidores e estratégias para resolução de falhas recorrentes.

Execução de comandos em máquinas remotas

O recurso **PowerShell Remoting** permite a execução de comandos e scripts em sistemas remotos por meio do protocolo **WS-Management**. Para verificar se esse recurso está habilitado no sistema local, basta utilizar o seguinte comando:

powershell

```
Test-WSMan
```

Caso a resposta indique que o serviço não está ativo, a habilitação pode ser feita com:

powershell

```
Enable-PSRemoting -Force
```

Esse comando configura o sistema para aceitar conexões remotas, ativando o serviço **WinRM (Windows Remote Management)** e ajustando as permissões necessárias.

Para executar um comando em uma máquina remota, utiliza-se o cmdlet Invoke-Command:

powershell

```
Invoke-Command -ComputerName "Servidor01" -ScriptBlock { Get-Process }
```

O comando acima lista os processos em execução na máquina **Servidor01**. Se houver necessidade de executar um script armazenado localmente em múltiplos computadores remotos, o caminho do arquivo pode ser especificado:

powershell

```
Invoke-Command -ComputerName "Servidor01", "Servidor02" -FilePath "C:\Scripts\AtualizarSistema.ps1"
```

A autenticação pode ser realizada com credenciais específicas, caso o usuário conectado não tenha permissões para administrar a máquina remota:

powershell

```
$credencial = Get-Credential
Invoke-Command -ComputerName "Servidor01" -ScriptBlock { Get-Service } -Credential $credencial
```

Ao executar esse comando, o PowerShell solicita um nome de usuário e senha para autenticação na máquina remota.

Configuração de segurança para conexões remotas

A configuração de segurança é essencial para evitar acessos não autorizados ao PowerShell Remoting. O serviço **WinRM** pode ser ajustado para permitir conexões seguras, restringindo acessos a usuários específicos.

Para verificar as regras de segurança aplicadas:

powershell

```
Get-PSSessionConfiguration
```

Caso seja necessário conceder permissão a um usuário específico para utilizar conexões remotas:

powershell

```
Set-PSSessionConfiguration -Name Microsoft.PowerShell -ShowSecurityDescriptorUI
```

Esse comando exibe uma interface para configurar permissões de acesso.

A comunicação remota pode ser protegida com **criptografia TLS**, garantindo que os dados transferidos não sejam interceptados. Para definir um canal seguro utilizando um certificado digital:

powershell

```
Set-WSManQuickConfig -UseSSL
```

Essa definição ativa conexões criptografadas para evitar a transmissão de informações sensíveis em texto plano.

Outra medida de segurança consiste na restrição de conexões apenas a dispositivos autorizados. Para permitir acessos apenas a uma lista de máquinas confiáveis, pode-se utilizar:

powershell

```
Set-Item WSMan:\localhost\Client\TrustedHosts -Value
"Servidor01,Servidor02"
```

Tal configuração garante que apenas os sistemas listados possam estabelecer sessões remotas.

Automação de múltiplos servidores via PowerShell

A execução remota de comandos em múltiplos servidores possibilita a automação de tarefas administrativas em larga escala. A utilização de **sessões persistentes** permite a abertura de conexões remotas que permanecem ativas, otimizando a execução de múltiplos comandos sem a necessidade de novas autenticações.

Para iniciar uma sessão persistente:

powershell

```
$Sessao = New-PSSession -ComputerName "Servidor01"
```

Com a sessão ativa, comandos podem ser executados diretamente na máquina remota:

powershell

```
Invoke-Command -Session $Sessao -ScriptBlock { Get-Service }
```

Após a conclusão das tarefas, a sessão pode ser encerrada para liberar recursos:

powershell

```
Remove-PSSession $Sessao
```

Se for necessário executar um comando em diversos servidores ao mesmo tempo, o seguinte código permite processar múltiplas conexões simultaneamente:

powershell

```
$Servidores = @("Servidor01", "Servidor02", "Servidor03")

Invoke-Command -ComputerName $Servidores -ScriptBlock
{ Get-EventLog -LogName System -Newest 5 }
```

Esse script recupera os cinco eventos mais recentes do log do sistema em todas as máquinas listadas.

Outra aplicação prática do PowerShell Remoto é a **atualização em lote de sistemas**, reduzindo a necessidade de acesso manual a cada servidor. O código abaixo instala automaticamente todas as atualizações pendentes em múltiplos servidores:

powershell

```
Invoke-Command -ComputerName "Servidor01", "Servidor02" -
ScriptBlock { Install-WindowsUpdate -AcceptAll -AutoReboot }
```

Essa abordagem elimina o trabalho repetitivo de aplicar correções manualmente em cada dispositivo.

Erros Comuns e Soluções

Erro: "Access Denied" ao tentar estabelecer uma conexão remota

Causa: O usuário pode não ter permissão para acessar a máquina remota.

Solução: Conceder permissões adequadas ao usuário utilizando:

powershell

```
Enable-PSRemoting -Force
Set-PSSessionConfiguration -Name Microsoft.PowerShell -
ShowSecurityDescriptorUI
```

Erro: "WinRM service is not running"

Causa: O serviço **WinRM** pode estar desativado na máquina remota.

Solução: Ativar manualmente o serviço com:

powershell

Start-Service WinRM

Se o serviço estiver desativado permanentemente, a ativação pode ser garantida automaticamente no início do sistema:

powershell

Set-Service -Name WinRM -StartupType Automatic

Erro: "Cannot resolve the remote computer name"

Causa: O nome do computador pode estar incorreto ou inacessível na rede.

Solução: Testar a conectividade entre as máquinas utilizando Test-NetConnection:

powershell

Test-NetConnection -ComputerName "Servidor01"

Se o nome do host não for resolvido corretamente, pode ser necessário adicionar um mapeamento manual no arquivo hosts.

Erro: "The client cannot connect to the destination specified in the request"

Causa: O tráfego de rede pode estar bloqueado pelo firewall.

Solução: Permitir conexões remotas ajustando as regras de firewall:

powershell

Enable-NetFirewallRule -DisplayGroup "Windows Remote

Management"

Caso o firewall precise de configuração personalizada, as portas podem ser abertas manualmente:

powershell

```
New-NetFirewallRule -Name "WinRM" -DisplayName "Allow
WinRM" -Protocol TCP -LocalPort 5985 -Action Allow
```

Boas práticas e aplicações reais

Utilizar conexões remotas para administrar servidores sem necessidade de login físico.

Aplicar políticas de segurança rigorosas, garantindo que apenas máquinas autorizadas possam estabelecer sessões.

Criar scripts de automação para gerenciamento de múltiplos servidores simultaneamente.

Implementar logs detalhados para auditoria das atividades remotas realizadas pelo PowerShell.

O PowerShell Remoto é uma ferramenta essencial para administração distribuída, proporcionando controle total sobre máquinas em rede sem necessidade de acesso direto. A configuração segura e o uso eficiente de sessões remotas permitem automatizar tarefas administrativas, melhorar a eficiência operacional e fortalecer a segurança de ambientes corporativos.

Os próximos capítulos abordarão estratégias avançadas para gerenciamento de logs, segurança e monitoramento de atividades no ambiente operacional.

CAPÍTULO 16. GERENCIAMENTO DE REDE COM POWERSHELL

O gerenciamento eficiente de redes é um requisito essencial para a administração de infraestruturas de TI. O PowerShell oferece um conjunto avançado de comandos que permite **configurar interfaces de rede, monitorar conexões e diagnosticar problemas**, reduzindo a necessidade de ferramentas gráficas e aumentando a automação de processos administrativos.

A administração de redes envolve tarefas como configuração de adaptadores, gerenciamento de endereços IP, monitoramento de tráfego e resolução de falhas de conectividade. O domínio desses recursos possibilita a execução de diagnósticos detalhados, identificação de anomalias e aplicação de soluções de forma ágil e precisa.

Este capítulo apresenta técnicas para configuração de interfaces de rede, automação de rotinas administrativas e diagnóstico avançado de conexões, incluindo erros comuns e abordagens para correção de falhas recorrentes.

Configuração de interfaces de rede

A configuração de adaptadores de rede pode ser feita diretamente pelo PowerShell, eliminando a necessidade de acessar menus gráficos. O cmdlet Get-NetAdapter exibe todos os adaptadores disponíveis no sistema:

powershell

```
Get-NetAdapter
```

Para verificar o status de um adaptador específico:

powershell

```
Get-NetAdapter -Name "Ethernet"
```

Caso o adaptador esteja desativado, a ativação pode ser realizada com:

powershell

```
Enable-NetAdapter -Name "Ethernet"
```

Se houver necessidade de desativação temporária para reconfiguração:

powershell

```
Disable-NetAdapter -Name "Ethernet" -Confirm:$false
```

A atribuição de um endereço IP estático a um adaptador pode ser feita com New-NetIPAddress:

powershell

```
New-NetIPAddress -InterfaceAlias "Ethernet" -IPAddress 192.168.1.100 -PrefixLength 24 -DefaultGateway 192.168.1.1
```

Para restaurar a configuração de IP dinâmico via DHCP:

powershell

```
Set-NetIPInterface -InterfaceAlias "Ethernet" -Dhcp Enabled
```

A configuração de servidores DNS pode ser ajustada com Set-DnsClientServerAddress:

powershell

```
Set-DnsClientServerAddress -InterfaceAlias "Ethernet" -ServerAddresses ("8.8.8.8","8.8.4.4")
```

Essa alteração permite que o adaptador utilize os servidores DNS do Google para resolução de nomes.

Diagnóstico de conexões e troubleshooting

A verificação de conectividade pode ser feita com Test-NetConnection, um comando que substitui o tradicional ping e oferece informações detalhadas sobre o status da rede:

powershell

```
Test-NetConnection -ComputerName google.com
```

Para identificar problemas com resolução de DNS, o parâmetro -TraceRoute exibe o caminho percorrido pelos pacotes até o destino:

powershell

```
Test-NetConnection -ComputerName google.com -TraceRoute
```

Se houver falha na comunicação com um servidor, pode ser necessário testar a conectividade em portas específicas:

powershell

```
Test-NetConnection -ComputerName servidor_interno -Port 3389
```

Esse comando verifica se a porta **3389 (RDP)** está aberta e se o acesso remoto pode ser estabelecido.

A análise do tráfego de rede pode ser aprimorada com Get-NetTCPConnection, que lista todas as conexões ativas no sistema:

powershell

```
Get-NetTCPConnection | Select-Object LocalAddress, RemoteAddress, State
```

Se houver necessidade de encerrar conexões problemáticas, o comando Stop-Process pode ser utilizado para interromper processos específicos:

powershell

```
Stop-Process -Id (Get-NetTCPConnection | Where-Object
{ $_.RemoteAddress -eq "192.168.1.50" }).OwningProcess
```

Essa abordagem encerra o processo que mantém uma conexão ativa com o IP **192.168.1.50**, útil para isolar conexões suspeitas ou liberar portas ocupadas.

Automação de administração de redes

A automação de tarefas administrativas reduz a carga de trabalho e garante maior previsibilidade na gestão de redes. O PowerShell permite criar **scripts automatizados para monitoramento de conexões, aplicação de políticas de segurança e otimização da infraestrutura**.

O código abaixo verifica a disponibilidade de um conjunto de servidores e gera um relatório com os resultados:

powershell

```
$servidores = @("192.168.1.1","192.168.1.2","192.168.1.3")
foreach ($servidor in $servidores) {
    $status = Test-NetConnection -ComputerName $servidor
    Write-Output "Servidor: $servidor - Status: $
($status.TcpTestSucceeded)"
}
```

Caso seja necessário reiniciar um adaptador de rede automaticamente sempre que houver perda de conectividade:

powershell

```
if (!(Test-NetConnection -ComputerName
google.com).PingSucceeded) {
    Restart-NetAdapter -Name "Ethernet"
}
```

Esse script detecta falhas de conexão e reinicia o adaptador para restaurar o acesso à rede.

Outra automação útil envolve o bloqueio de tráfego em portas específicas, aumentando a segurança do ambiente:

powershell

```
New-NetFirewallRule -DisplayName "Bloqueio FTP" -Direction
Inbound -Protocol TCP -LocalPort 21 -Action Block
```

Essa instrução impede conexões na porta **21 (FTP)**, protegendo o sistema contra acessos não autorizados.

Erros Comuns e Soluções

Erro: "Network adapter not found" ao tentar configurar um adaptador

Causa: O nome do adaptador pode estar incorreto ou o dispositivo pode estar desativado.

Solução: Listar os adaptadores disponíveis e garantir que o nome correto seja utilizado:

powershell

```
Get-NetAdapter
```

Caso o adaptador esteja desativado, a ativação pode ser realizada com:

powershell

```
Enable-NetAdapter -Name "Ethernet"
```

Erro: "Request timed out" ao testar a conexão com um servidor

Causa: O servidor pode estar offline, a conexão pode estar bloqueada por firewall ou a rota pode estar incorreta.

Solução: Verificar a rota da conexão:

powershell

```
Test-NetConnection -ComputerName servidor_interno -TraceRoute
```

Se o firewall estiver bloqueando o tráfego, a liberação pode ser feita com:

powershell

```
New-NetFirewallRule -DisplayName "Permitir Conexão" -Direction Inbound -Protocol TCP -LocalPort 80 -Action Allow
```

Erro: "Invalid IP address" ao tentar configurar um endereço IP

Causa: O endereço informado pode estar fora da faixa da rede ou o formato pode estar incorreto.

Solução: Validar a máscara de rede antes de aplicar a configuração:

powershell

```
Test-NetConnection -ComputerName 192.168.1.1
```

Caso o IP esteja incorreto, a reconfiguração pode ser realizada com:

powershell

```
Set-NetIPAddress -InterfaceAlias "Ethernet" -IPAddress 192.168.1.100 -PrefixLength 24
```

Erro: "Remote host is unreachable" ao tentar acessar um dispositivo na rede

Causa: O dispositivo pode estar offline ou pode haver problemas de roteamento.

Solução: Testar a comunicação com outros hosts na mesma rede para verificar se o problema é generalizado:

powershell

```
Test-NetConnection -ComputerName 192.168.1.2
```

Se a falha persistir, pode ser necessário reiniciar o adaptador de rede:

powershell

```
Restart-NetAdapter -Name "Ethernet"
```

Boas práticas e aplicações reais

Monitorar a conectividade de servidores críticos com scripts de alerta.

Automatizar a configuração de adaptadores de rede para reduzir erros manuais.

Criar políticas de firewall para restringir acessos indesejados.

Utilizar registros de log para documentar alterações e solucionar falhas rapidamente.

O gerenciamento de rede com PowerShell permite configurar e monitorar conexões de maneira eficiente, reduzindo o tempo necessário para diagnósticos e aplicação de correções. A automação garante que os sistemas permaneçam operacionais e seguros, eliminando a necessidade de ajustes manuais constantes.

Os próximos capítulos abordarão estratégias avançadas para

administração de logs, segurança e monitoramento proativo de ambientes operacionais.

CAPÍTULO 17. CRIANDO UM SCRIPT PARA MONITORAMENTO DE LOGS

A análise de registros do sistema é um elemento essencial da administração de TI, permitindo que eventos críticos sejam identificados e diagnosticados com precisão. O PowerShell oferece uma abordagem eficiente para **coletar, filtrar e armazenar logs**, possibilitando a criação de alertas automatizados e relatórios detalhados.

Este capítulo apresenta **técnicas avançadas para captura e análise de logs**, destacando métodos para **monitoramento em tempo real, exportação de dados e automação de auditoria**. A implementação de scripts eficazes possibilita um acompanhamento detalhado das operações do sistema, reduzindo falhas operacionais e melhorando a segurança.

Métodos para captura e análise de logs

O PowerShell permite acessar eventos do sistema de maneira estruturada. O cmdlet Get-EventLog exibe os logs armazenados no Windows:

powershell

```
Get-EventLog -LogName System -Newest 10
```

Esse comando retorna os 10 eventos mais recentes do log **System**, exibindo detalhes relevantes para diagnóstico. Para obter eventos relacionados a falhas, o parâmetro -EntryType pode ser utilizado:

powershell

```
Get-EventLog -LogName Application -EntryType Error
```

O acesso a logs mais modernos é realizado por meio do Get-WinEvent, que oferece maior flexibilidade na busca por eventos específicos:

powershell

```
Get-WinEvent -LogName "Security" | Select-Object TimeCreated, Id, Message | Format-Table -AutoSize
```

Se for necessário extrair eventos associados a um processo específico, um filtro pode ser aplicado:

powershell

```
Get-WinEvent -FilterHashtable @{LogName='System'; Id=7036}
```

Tal instrução retorna apenas eventos do log **System** com o ID **7036**, frequentemente associado a mudanças no estado de serviços do Windows.

Monitoramento em tempo real e alertas

A análise contínua de logs permite detectar falhas e responder rapidamente a problemas críticos. O PowerShell possibilita a criação de scripts que monitoram eventos e acionam notificações automatizadas.

O código abaixo verifica a ocorrência de falhas no log de aplicativos e exibe um alerta quando um erro crítico é detectado:

powershell

```
$eventos = Get-EventLog -LogName Application -EntryType Error -Newest 5

if ($eventos) {
    Write-Host "Erro detectado! Verifique os logs de aplicativos." -ForegroundColor Red
```

```
}
```

Se for necessário criar um alerta por e-mail sempre que um erro crítico ocorrer, a seguinte abordagem pode ser utilizada:

powershell

```
$eventoCritico = Get-WinEvent -FilterHashtable
@{LogName="System"; Level=1} -MaxEvents 1

if ($eventoCritico) {
    $corpoEmail = "Erro crítico detectado: `n`n" +
$eventoCritico.Message
    Send-MailMessage -To "admin@empresa.com" -From
"monitor@empresa.com" -Subject "Alerta de Erro Crítico" -Body
$corpoEmail -SmtpServer "smtp.empresa.com"
}
```

Esse script verifica o log **System** e, caso um evento de nível crítico seja encontrado, um e-mail de alerta é enviado automaticamente.

Exportação de logs e relatórios

Os registros de eventos podem ser exportados para diferentes formatos, permitindo a criação de relatórios periódicos e auditorias detalhadas. Para gerar um arquivo CSV com os 100 eventos mais recentes do log de segurança:

powershell

```
Get-WinEvent -LogName Security -MaxEvents 100 | Export-Csv
-Path "C:\Logs\RelatorioSeguranca.csv" -NoTypeInformation
```

Se for necessário criar um relatório em HTML, um script pode estruturar as informações para exibição em navegadores:

powershell

```
$eventos = Get-WinEvent -LogName System -MaxEvents 50 |
```

```
Select-Object TimeCreated, Id, Message
$eventos | ConvertTo-Html -Title "Relatório de Logs do Sistema"
| Out-File "C:\Logs\Relatorio.html"
```

A exportação para JSON facilita a integração com outras ferramentas de monitoramento:

powershell

```
Get-WinEvent -LogName Application -MaxEvents 50 |
ConvertTo-Json | Out-File "C:\Logs\Relatorio.json"
```

Erros Comuns e Soluções

Erro: "Access is denied" ao tentar acessar logs do sistema

Causa: O PowerShell precisa ser executado com permissões administrativas.

Solução: Abrir o PowerShell como administrador antes de executar comandos relacionados a logs.

Erro: "The Log Name is Invalid" ao utilizar Get-EventLog

Causa: O nome do log informado pode estar incorreto.

Solução: Listar os logs disponíveis antes de especificar um nome:

powershell

```
Get-EventLog -List
```

Erro: "Cannot retrieve information from the event log" ao utilizar Get-WinEvent

Causa: Alguns logs exigem permissões específicas ou podem estar corrompidos.

Solução: Executar o comando com credenciais administrativas ou verificar se os logs estão ativos:

powershell

wevtutil el

Caso um log específico esteja desativado, a ativação pode ser feita com:

powershell

wevtutil sl Security /e:true

Erro: "No events found" ao filtrar eventos por ID específico

Causa: Pode não haver eventos com o ID informado no log selecionado.

Solução: Ampliar os filtros e validar se há registros correspondentes:

powershell

Get-WinEvent -LogName System -MaxEvents 10

Se necessário, testar com diferentes IDs antes de aplicar um filtro definitivo.

Boas práticas e aplicações reais

Criar scripts automatizados para monitoramento contínuo de eventos críticos.

Configurar alertas por e-mail ou logs centralizados para auditoria de segurança.

Utilizar exportação periódica de logs para análise histórica e conformidade.

Implementar filtros eficientes para evitar sobrecarga na análise de eventos.

O monitoramento de logs com PowerShell permite a **identificação e análise rápida de falhas e eventos críticos**, melhorando a segurança e a estabilidade do ambiente operacional. A automação desse processo possibilita **detecção proativa de problemas**, garantindo maior eficiência na administração de sistemas.

Os próximos capítulos abordarão estratégias avançadas para automação de backups, relatórios e auditoria de eventos, ampliando a capacidade de gestão e monitoramento de ambientes corporativos.

CAPÍTULO 18. CRIANDO UM SISTEMA DE BACKUP AUTOMATIZADO

A integridade dos dados depende de um plano de backup eficiente. A automação desse processo elimina falhas humanas, garantindo cópias periódicas e recuperação rápida em caso de falhas ou ataques cibernéticos. O PowerShell oferece comandos para **gerenciar backups locais e remotos**, incluindo **cópias incrementais e diferenciais, compressão e envio automatizado para armazenamento externo**.

Este capítulo apresenta **estratégias para automação de backups**, detalhando métodos para agendar execuções e configurar notificações para acompanhamento das operações.

Estratégias para backup automatizado de arquivos e pastas

A escolha do tipo de backup impacta o desempenho e a capacidade de recuperação dos dados. O PowerShell permite configurar três abordagens principais:

- **Backup completo** – Cria uma cópia integral dos arquivos em cada execução.
- **Backup incremental** – Copia apenas arquivos modificados desde o último backup.
- **Backup diferencial** – Copia arquivos alterados desde o último backup completo.

O script a seguir realiza uma **cópia completa** de uma pasta para um diretório de backup:

powershell

```
$origem = "C:\Dados"
$destino = "D:\Backup\Completo"

Copy-Item -Path $origem -Destination $destino -Recurse -Force
```

Para um **backup incremental**, o parâmetro -NewerThan pode ser utilizado para copiar apenas arquivos modificados nas últimas 24 horas:

powershell

```
$origem = "C:\Dados"
$destino = "D:\Backup\Incremental"
$dataReferencia = (Get-Date).AddDays(-1)

Get-ChildItem -Path $origem -Recurse | Where-Object
{ $_.LastWriteTime -gt $dataReferencia } | Copy-Item -
Destination $destino -Force
```

Essa abordagem reduz o tempo de backup e o consumo de armazenamento, mantendo apenas arquivos alterados.

No **backup diferencial**, todos os arquivos modificados desde o último backup completo são copiados:

powershell

```
$origem = "C:\Dados"
$destino = "D:\Backup\Diferencial"
$ultimoBackup = Get-Item "D:\Backup\Completo" | Get-
ChildItem | Sort-Object LastWriteTime -Descending | Select-
Object -First 1

Get-ChildItem -Path $origem -Recurse | Where-Object
{ $_.LastWriteTime -gt $ultimoBackup.LastWriteTime } | Copy-
Item -Destination $destino -Force
```

O diferencial mantém um número reduzido de arquivos para restauração, exigindo menos espaço do que o backup completo.

Uso de scripts para cópias incrementais e diferenciais

A automação do backup exige a criação de scripts adaptáveis. O código a seguir solicita ao usuário o tipo de backup desejado e executa a ação correspondente:

powershell

```
$tipo = Read-Host "Escolha o tipo de backup: Completo,
Incremental ou Diferencial"

$origem = "C:\Dados"
$destinoBase = "D:\Backup"

switch ($tipo) {
    "Completo" { Copy-Item -Path $origem -Destination
"$destinoBase\Completo" -Recurse -Force }
    "Incremental" {
        $dataReferencia = (Get-Date).AddDays(-1)
        Get-ChildItem -Path $origem -Recurse | Where-Object
{ $_.LastWriteTime -gt $dataReferencia } | Copy-Item -
Destination "$destinoBase\Incremental" -Force
    }
    "Diferencial" {
        $ultimoBackup = Get-Item "$destinoBase\Completo" | Get-
ChildItem | Sort-Object LastWriteTime -Descending | Select-
Object -First 1
        Get-ChildItem -Path $origem -Recurse | Where-Object
{ $_.LastWriteTime -gt $ultimoBackup.LastWriteTime } | Copy-
Item -Destination "$destinoBase\Diferencial" -Force
    }
}
```

Esse script permite flexibilidade na escolha do backup, garantindo que cada execução atenda à necessidade do usuário.

Agendamento de backups e notificações automáticas

A execução programada dos backups reduz a necessidade

de intervenção manual. O PowerShell possibilita a criação de **tarefas agendadas** para garantir que as cópias ocorram regularmente.

O código abaixo agenda a execução de um backup completo diário às 2h da manhã:

powershell

```
$acao = New-ScheduledTaskAction -Execute "powershell.exe" -Argument "-File C:\Scripts\Backup.ps1"
$gatilho = New-ScheduledTaskTrigger -Daily -At 2AM
Register-ScheduledTask -TaskName "BackupDiario" -Action $acao -Trigger $gatilho -Description "Executa backup completo diariamente"
```

A notificação por e-mail após a conclusão do backup pode ser configurada com Send-MailMessage:

powershell

```
$corpo = "O backup foi concluído com sucesso em " + (Get-Date)
Send-MailMessage -To "admin@empresa.com" -From "backup@empresa.com" -Subject "Backup Concluído" -Body $corpo -SmtpServer "smtp.empresa.com"
```

Caso ocorra um erro, o administrador pode ser alertado imediatamente:

powershell

```
try {
    Copy-Item -Path "C:\Dados" -Destination "D:\Backup\Completo" -Recurse -Force
    $corpo = "Backup realizado com sucesso."
} catch {
    $corpo = "Falha ao executar backup: " + $_.Exception.Message
}
```

```
Send-MailMessage -To "admin@empresa.com" -From
"backup@empresa.com" -Subject "Status do Backup" -Body
$corpo -SmtpServer "smtp.empresa.com"
```

Erros Comuns e Soluções

Erro: "Access Denied" ao copiar arquivos

Causa: O script pode estar sendo executado sem privilégios administrativos.

Solução: Executar o PowerShell como **administrador** e garantir permissões adequadas no diretório de destino.

Erro: "Path Not Found" ao tentar acessar diretórios de backup

Causa: O diretório de destino pode não existir.

Solução: Criar a pasta automaticamente antes da cópia:

powershell

```
if (!(Test-Path "D:\Backup\Completo")) { New-Item -ItemType
Directory -Path "D:\Backup\Completo" }
```

Erro: "The process cannot access the file because it is being used by another process"

Causa: O arquivo pode estar em uso por outro programa.

Solução: Utilizar a opção de cópia assíncrona para evitar bloqueios:

powershell

```
Start-Job -ScriptBlock { Copy-Item -Path "C:\Dados" -Destination
"D:\Backup\Completo" -Recurse -Force }
```

Erro: "SMTP Server Not Found" ao enviar notificações por e-

mail

Causa: O servidor SMTP pode estar configurado incorretamente.

Solução: Testar a conexão com o servidor antes do envio:

powershell

```
Test-NetConnection -ComputerName "smtp.empresa.com" -Port 25
```

Caso a conexão falhe, revisar as configurações do servidor SMTP.

Boas práticas e aplicações reais

Utilizar backups incrementais e diferenciais para reduzir o uso de armazenamento.

Configurar agendamentos automatizados para garantir regularidade no processo.

Enviar notificações por e-mail para confirmar a conclusão do backup ou alertar sobre falhas.

Criar scripts modulares que permitam ajustes rápidos conforme a necessidade do ambiente.

A automação do backup com PowerShell garante proteção contra falhas e perdas de dados, permitindo recuperação eficiente e minimizando riscos operacionais. A configuração de cópias incrementais, diferenciais e completas associada ao agendamento automático e alertas de status otimiza a administração de sistemas e aumenta a confiabilidade da infraestrutura de TI.

Os próximos capítulos abordarão estratégias avançadas para geração de relatórios, auditoria de logs e automação de tarefas administrativas, ampliando o controle sobre operações críticas.

CAPÍTULO 19. AUTOMAÇÃO DE RELATÓRIOS COM POWERSHELL

A geração de relatórios permite extrair informações do sistema e consolidá-las de forma organizada para análise e acompanhamento. A automação desse processo reduz a necessidade de intervenção manual, garantindo que dados atualizados sejam coletados e armazenados periodicamente.

O PowerShell possibilita a extração de informações detalhadas sobre processos, logs, uso de recursos, configurações do sistema e eventos críticos. Esses dados podem ser formatados e exportados para diferentes formatos, como **CSV, JSON, XML e HTML**, facilitando sua integração com outras ferramentas.

Este capítulo apresenta técnicas para a **extração, exportação e envio automático de relatórios**, permitindo que administradores e equipes de TI acompanhem métricas relevantes e otimizem processos operacionais.

Extração de informações do sistema e geração de relatórios

A coleta de dados pode ser realizada utilizando diversos cmdlets do PowerShell. O seguinte comando obtém uma lista dos serviços em execução:

powershell

```
Get-Service | Select-Object Name, Status, DisplayName
```

Se a necessidade for monitorar processos ativos, o cmdlet Get-Process pode ser utilizado:

powershell

```powershell
Get-Process | Select-Object Name, Id, CPU, WS
```

A extração de informações sobre o espaço em disco pode ser feita com Get-PSDrive:

powershell

```powershell
Get-PSDrive -PSProvider FileSystem | Select-Object Name, Used, Free
```

Caso seja necessário capturar logs de eventos do sistema, Get-WinEvent permite filtrar eventos específicos:

powershell

```powershell
Get-WinEvent -LogName System -MaxEvents 50 | Select-Object TimeCreated, Id, Message
```

Esses dados podem ser processados e organizados antes da exportação, garantindo relatórios completos e bem estruturados.

Exportação para diferentes formatos (CSV, JSON, XML, HTML)

O PowerShell permite salvar os dados extraídos em diversos formatos para facilitar a visualização e análise posterior.

A exportação para **CSV** é útil para planilhas e bancos de dados:

powershell

```powershell
Get-Process | Select-Object Name, Id, CPU, WS | Export-Csv -Path "C:\Relatorios\Processos.csv" -NoTypeInformation
```

Para integrações com APIs e aplicações web, a exportação para **JSON** é uma alternativa eficiente:

powershell

```powershell
Get-Process | Select-Object Name, Id, CPU, WS | ConvertTo-Json |
```

```
Out-File "C:\Relatorios\Processos.json"
```

Se for necessário gerar um relatório compatível com sistemas de análise estruturados, o formato **XML** pode ser utilizado:

powershell

```
Get-Service | Select-Object Name, Status, DisplayName |
ConvertTo-Xml | Out-File "C:\Relatorios\Servicos.xml"
```

A exportação para **HTML** permite a criação de páginas para visualização rápida dos dados:

powershell

```
Get-Service | Select-Object Name, Status | ConvertTo-Html -Title
"Relatório de Serviços" | Out-File "C:\Relatorios\Servicos.html"
```

Com esse método, um relatório pode ser aberto diretamente no navegador para consulta rápida.

Criação de relatórios periódicos e envio por e-mail

A programação de relatórios periódicos elimina a necessidade de execução manual. O código abaixo agenda a geração automática de um relatório de uso do sistema todas as segundas-feiras às 8h da manhã:

powershell

```
$acao = New-ScheduledTaskAction -Execute "powershell.exe" -
Argument "-File C:\Scripts\GerarRelatorio.ps1"
$gatilho = New-ScheduledTaskTrigger -Weekly -DaysOfWeek
Monday -At 8AM
Register-ScheduledTask -TaskName "RelatorioSemanal" -Action
$acao -Trigger $gatilho -Description "Gera relatório de sistema
semanalmente"
```

Após a geração, o relatório pode ser enviado automaticamente por e-mail:

powershell

```
$relatorio = Get-Service | Select-Object Name, Status |
ConvertTo-Html -Title "Relatório de Serviços"
$relatorio | Out-File "C:\Relatorios\Servicos.html"

$corpoEmail = "Segue o relatório de serviços atualizado."
Send-MailMessage -To "admin@empresa.com" -From
"relatorio@empresa.com" -Subject "Relatório Semanal" -Body
$corpoEmail -Attachments "C:\Relatorios\Servicos.html" -
SmtpServer "smtp.empresa.com"
```

Caso o relatório contenha informações críticas, uma notificação pode ser configurada para alertar imediatamente sobre eventos específicos.

powershell

```
$eventosCriticos = Get-WinEvent -LogName System -
MaxEvents 5 | Where-Object { $_.Level -eq 1 }

if ($eventosCriticos) {
    Send-MailMessage -To "admin@empresa.com" -From
"alerta@empresa.com" -Subject "Alerta Crítico no Sistema" -
Body "Foram detectados eventos críticos nos últimos registros."
-SmtpServer "smtp.empresa.com"
}
```

Com essa abordagem, qualquer falha relevante será notificada automaticamente.

Erros Comuns e Soluções

Erro: "Access Denied" ao tentar acessar informações do sistema

Causa: Alguns dados exigem permissões administrativas.

Solução: Executar o PowerShell como administrador antes da extração.

Erro: "Cannot resolve SMTP server" ao tentar enviar relatórios por e-mail

Causa: O servidor SMTP pode estar incorreto ou bloqueado por firewall.

Solução: Testar a conectividade antes do envio:

powershell

```
Test-NetConnection -ComputerName "smtp.empresa.com" -Port 25
```

Caso necessário, verificar as configurações de segurança do servidor.

Erro: "Invalid path" ao tentar exportar arquivos

Causa: O diretório informado pode não existir.

Solução: Criar a pasta antes da exportação:

powershell

```
if (!(Test-Path "C:\Relatorios")) { New-Item -ItemType Directory -Path "C:\Relatorios" }
```

Erro: "No data found" ao tentar gerar relatórios

Causa: O comando pode estar sendo executado em um momento em que não há eventos ou processos ativos.

Solução: Garantir que haja dados disponíveis antes da exportação:

powershell

```
$dados = Get-WinEvent -LogName System -MaxEvents 50
```

```
if ($dados) { $dados | Export-Csv -Path "C:\Relatorios\Logs.csv" -
NoTypeInformation }
```

Esse ajuste impede a criação de relatórios vazios.

Boas práticas e aplicações reais

Automatizar relatórios para reduzir o trabalho manual e garantir atualizações regulares.

Utilizar formatos adequados para facilitar o compartilhamento e integração com outras ferramentas.

Configurar alertas automáticos para notificar eventos críticos de forma imediata.

Implementar registros detalhados para auditoria e análise de tendências ao longo do tempo.

A automação da geração de relatórios com PowerShell facilita o acompanhamento de métricas, melhora a transparência na administração do sistema e reduz falhas operacionais. O uso de exportação para formatos variados, integração com e-mail e notificações automáticas amplia a eficiência dos processos de monitoramento e auditoria.

Os próximos capítulos abordarão técnicas avançadas para gerenciamento de logs e auditoria de eventos, fortalecendo a segurança e a administração de ambientes operacionais.

CAPÍTULO 20. GERENCIAMENTO DE LOGS E AUDITORIA

O registro de eventos do sistema é um dos principais recursos para monitoramento e auditoria em ambientes corporativos. Os logs armazenam informações sobre processos, acessos, falhas e tentativas de invasão, permitindo que administradores identifiquem atividades incomuns e tomem medidas preventivas.

O PowerShell oferece cmdlets poderosos para **coletar, armazenar, filtrar e analisar logs**, além de permitir a criação de alertas automáticos para eventos críticos. A automação da auditoria melhora a segurança, reduz o tempo de resposta a incidentes e facilita a conformidade com normas regulatórias.

Este capítulo aborda **técnicas para captura e organização de logs, filtragem de eventos críticos e implementação de auditoria automatizada**, garantindo maior controle sobre o ambiente operacional.

Coletando e armazenando logs do sistema

Os registros de eventos podem ser acessados utilizando Get-EventLog para logs tradicionais ou Get-WinEvent para logs modernos do Windows. O comando abaixo lista os eventos do log do sistema:

powershell

```
Get-EventLog -LogName System -Newest 20
```

Se for necessário obter apenas os logs relacionados a falhas:

powershell

```
Get-EventLog -LogName System -EntryType Error
```

O Get-WinEvent fornece mais flexibilidade na busca por eventos específicos:

powershell

```
Get-WinEvent -LogName Security | Select-Object TimeCreated,
Id, Message
```

Para armazenar os logs em um arquivo CSV para análise posterior:

powershell

```
Get-WinEvent -LogName Application -MaxEvents 100 | Export-
Csv -Path "C:\Auditoria\Logs.csv" -NoTypeInformation
```

Se o objetivo for manter um histórico contínuo dos logs, um script pode ser utilizado para consolidar os eventos em um único arquivo:

powershell

```
$logs = Get-WinEvent -LogName System -MaxEvents 100
$logs | Export-Csv -Append -Path "C:\Auditoria
\HistoricoLogs.csv" -NoTypeInformation
```

Esse método evita a substituição do arquivo e mantém um histórico completo dos eventos.

Filtrando logs para identificar eventos críticos

A análise de logs pode ser aprimorada filtrando eventos de interesse. Para identificar tentativas de login malsucedidas no sistema:

powershell

```
Get-WinEvent -LogName Security | Where-Object { $_.Id -eq
4625 }
```

Para detectar reinicializações inesperadas, eventos do ID **6008** podem ser filtrados:

powershell

```
Get-WinEvent -LogName System | Where-Object { $_.Id -eq
6008 }
```

Se o objetivo for listar somente eventos críticos, a busca pode ser feita pelo nível de severidade:

powershell

```
Get-WinEvent -LogName System | Where-Object
{ $_.LevelDisplayName -eq "Critical" }
```

A combinação de filtros permite criar um monitoramento detalhado dos registros do sistema.

Automatizando auditoria e alertas de segurança

A automação da auditoria facilita a identificação de falhas e incidentes de segurança. O script abaixo monitora eventos críticos e envia alertas por e-mail sempre que um problema for detectado:

powershell

```
$eventosCriticos = Get-WinEvent -LogName System | Where-
Object { $_.LevelDisplayName -eq "Critical" }

if ($eventosCriticos) {
    $corpo = "Eventos críticos detectados:`n`n" +
($eventosCriticos | Out-String)
    Send-MailMessage -To "admin@empresa.com" -From
"auditoria@empresa.com" -Subject "Alerta de Eventos Críticos" -
```

```
Body $corpo -SmtpServer "smtp.empresa.com"
}
```

Para programar a auditoria periodicamente, um agendamento pode ser criado:

powershell

```
$acao = New-ScheduledTaskAction -Execute "powershell.exe" -
Argument "-File C:\Scripts\MonitorarLogs.ps1"
$gatilho = New-ScheduledTaskTrigger -Daily -At 3AM
Register-ScheduledTask -TaskName "AuditoriaDiaria" -Action
$acao -Trigger $gatilho -Description "Executa auditoria diária
dos eventos do sistema"
```

Caso seja necessário armazenar logs suspeitos para revisão futura, um diretório específico pode ser utilizado:

powershell

```
$eventosSuspeitos = Get-WinEvent -LogName Security | Where-
Object { $_.Id -in @(4625, 4740, 4719) }
$eventosSuspeitos | Export-Csv -Path "C:\Auditoria
\LogsSuspeitos.csv" -NoTypeInformation
```

Esse script identifica tentativas de login malsucedidas, bloqueios de conta e alterações nas políticas de segurança.

Erros Comuns e Soluções

Erro: "Access Denied" ao tentar acessar logs de segurança

Causa: A execução do script pode estar sendo feita sem permissões administrativas.

Solução: Executar o PowerShell como administrador e garantir permissões adequadas.

Erro: "Invalid Log Name" ao tentar acessar um log específico

Causa: O nome do log informado pode estar incorreto ou não existir no sistema.

Solução: Listar os logs disponíveis antes de especificar um nome:

powershell

wevtutil el

Erro: "SMTP Server Not Found" ao tentar enviar alertas por e-mail

Causa: O servidor de e-mail pode estar indisponível ou bloqueado por firewall.

Solução: Testar a conexão com o servidor SMTP antes de enviar mensagens:

powershell

Test-NetConnection -ComputerName "smtp.empresa.com" -Port 25

Erro: "No events found" ao executar filtros

Causa: Pode não haver eventos recentes correspondendo aos critérios de pesquisa.

Solução: Expandir os filtros para um intervalo maior de eventos e ajustar os parâmetros de busca.

powershell

Get-WinEvent -LogName Security -MaxEvents 500 | Where-Object { $_.Id -eq 4625 }

Boas práticas e aplicações reais

Armazenar logs críticos para auditoria e conformidade regulatória.

Criar alertas automáticos para eventos de segurança

relevantes.

Filtrar eventos para otimizar a análise e evitar sobrecarga de informações.

Utilizar scripts agendados para auditoria contínua e monitoramento proativo.

O gerenciamento de logs e auditoria com PowerShell aprimora o monitoramento de eventos e facilita a identificação de falhas e ameaças. A automação desses processos melhora a segurança e permite uma administração mais eficiente, garantindo controle sobre as atividades do sistema.

Os próximos capítulos abordarão a automação de deploy de softwares, oferecendo estratégias para instalação e gerenciamento de aplicações de forma centralizada.

CAPÍTULO 21. AUTOMAÇÃO DE DEPLOY DE SOFTWARES

A instalação e gerenciamento de softwares em múltiplas máquinas pode ser um processo demorado quando realizado manualmente. A automação desse processo com PowerShell permite instalar, atualizar e remover aplicações de forma centralizada, reduzindo falhas e garantindo padronização no ambiente operacional.

Ferramentas como **Chocolatey e Winget** oferecem uma abordagem eficiente para gerenciamento de pacotes, permitindo que aplicações sejam instaladas e mantidas com comandos simples. Além disso, o PowerShell possibilita **execução remota de comandos**, permitindo deploys em diversas máquinas sem necessidade de acesso direto.

Este capítulo apresenta **técnicas para instalação remota de softwares, uso de gerenciadores de pacotes e automação de atualizações e remoções**, garantindo controle total sobre a distribuição de aplicações em ambientes corporativos.

Instalação remota de aplicações via PowerShell

A execução remota de comandos permite instalar softwares sem precisar acessar fisicamente cada máquina. O Invoke-Command facilita essa operação ao permitir a execução de scripts em múltiplos dispositivos:

powershell

```
Invoke-Command -ComputerName "PC-Remoto" -ScriptBlock
{ Start-Process -FilePath "C:\Softwares\Instalador.exe" -
ArgumentList "/silent" -Wait }
```

Caso a instalação exija permissões elevadas, o script pode ser executado com credenciais administrativas:

powershell

```
$credenciais = Get-Credential
Invoke-Command -ComputerName "PC-Remoto" -ScriptBlock
{ Start-Process -FilePath "C:\Softwares\Instalador.exe" -
ArgumentList "/silent" -Wait } -Credential $credenciais
```

Se o software estiver disponível em um compartilhamento de rede, a instalação pode ser feita diretamente a partir do caminho UNC:

powershell

```
Invoke-Command -ComputerName "PC-Remoto" -ScriptBlock
{ Start-Process -FilePath "\\Servidor\Softwares\Instalador.exe" -
ArgumentList "/silent" -Wait }
```

Essa abordagem simplifica a distribuição de aplicativos em grandes infraestruturas, garantindo maior eficiência na instalação.

Uso do Chocolatey e Winget para gerenciar pacotes

O **Chocolatey** é um gerenciador de pacotes para Windows que permite instalar e atualizar softwares de forma automatizada. Para utilizá-lo, a instalação pode ser feita via PowerShell:

powershell

```
Set-ExecutionPolicy Bypass -Scope Process -Force
[System.Net.ServicePointManager]::SecurityProtocol =
[System.Net.ServicePointManager]::SecurityProtocol -bor 3072
iex ((New-Object
System.Net.WebClient).DownloadString('https://
community.chocolatey.org/install.ps1'))
```

Após a instalação, novos programas podem ser adicionados com um único comando:

powershell

```
choco install googlechrome -y
```

Para instalar múltiplos aplicativos em sequência:

powershell

```
choco install firefox 7zip vlc -y
```

A atualização de softwares pode ser feita com:

powershell

```
choco upgrade all -y
```

O **Winget**, integrado ao Windows, também permite instalação simplificada de pacotes. Para listar softwares disponíveis:

powershell

```
winget search notepad++
```

A instalação pode ser feita diretamente pelo ID do pacote:

powershell

```
winget install --id=Notepad++.Notepad++
```

Para atualizar todas as aplicações instaladas:

powershell

```
winget upgrade --all
```

Ambas as ferramentas permitem automação completa do

gerenciamento de pacotes, reduzindo o tempo necessário para manutenção de softwares.

Configuração de scripts para atualização e remoção de softwares

A remoção automatizada de aplicações pode ser feita via PowerShell. Para desinstalar um programa específico:

powershell

```
Get-WmiObject -Query "SELECT * FROM Win32_Product
WHERE Name='Google Chrome'" | ForEach-Object
{ $_.Uninstall() }
```

Se a remoção for necessária em diversas máquinas, um comando remoto pode ser utilizado:

powershell

```
Invoke-Command -ComputerName "PC-Remoto" -ScriptBlock
{ Get-WmiObject -Query "SELECT * FROM Win32_Product
WHERE Name='Google Chrome'" | ForEach-Object
{ $_.Uninstall() } }
```

Para garantir que as aplicações estejam sempre atualizadas, um script pode ser programado para executar a atualização periodicamente:

powershell

```
$acao = New-ScheduledTaskAction -Execute "powershell.exe" -
Argument "-File C:\Scripts\AtualizarSoftwares.ps1"
$gatilho = New-ScheduledTaskTrigger -Weekly -DaysOfWeek
Sunday -At 2AM
Register-ScheduledTask -TaskName "AtualizarSoftwares" -
Action $acao -Trigger $gatilho -Description "Executa a
atualização de softwares semanalmente"
```

A utilização dessas técnicas possibilita um gerenciamento centralizado, reduzindo tempo e esforço na manutenção de softwares.

Erros Comuns e Soluções

Erro: "Access Denied" ao executar instalação remota

Causa: O usuário pode não ter permissões administrativas para executar o instalador.

Solução: Executar o comando com credenciais elevadas:

powershell

```
Invoke-Command -ComputerName "PC-Remoto" -ScriptBlock
{ Start-Process -FilePath "C:\Softwares\Instalador.exe" -
ArgumentList "/silent" -Wait } -Credential (Get-Credential)
```

Erro: "Chocolatey is not recognized as a command"

Causa: O Chocolatey pode não estar instalado corretamente ou o caminho do executável não foi adicionado à variável de ambiente.

Solução: Verificar a instalação e, se necessário, reinstalar:

powershell

```
iex                                      ((New-Object
System.Net.WebClient).DownloadString('https://
community.chocolatey.org/install.ps1'))
```

Caso o erro persista, adicionar o diretório do Chocolatey ao PATH:

powershell

```
$env:Path += ";C:\ProgramData\chocolatey\bin"
```

Erro: "Winget command not found" ao tentar instalar um

software

Causa: O Winget pode não estar atualizado ou pode não estar ativado no sistema.

Solução: Atualizar o Windows para a versão mais recente ou baixar manualmente o Winget:

powershell

```
winget upgrade --all
```

Erro: "Software already installed" ao tentar instalar um aplicativo

Causa: O aplicativo já está presente no sistema.

Solução: Validar se há necessidade de atualização antes da instalação:

powershell

```
if (-Not (Get-Command "chrome.exe" -ErrorAction
SilentlyContinue)) { choco install googlechrome -y }
```

Esse comando verifica se o Chrome já está instalado antes de tentar instalá-lo.

Boas práticas e aplicações reais

Utilizar gerenciadores de pacotes para padronizar a instalação de softwares.

Automatizar a atualização de aplicativos para manter o ambiente sempre atualizado.

Criar scripts para remover programas obsoletos e liberar espaço no sistema.

Executar deploy remoto de aplicações para otimizar o gerenciamento de infraestrutura.

A automação do deploy de softwares com PowerShell simplifica a instalação, atualização e remoção de aplicações, reduzindo o tempo gasto com manutenção manual. A integração com

Chocolatey e Winget potencializa a gestão de pacotes, permitindo que equipes de TI gerenciem aplicações de forma centralizada e eficiente.

Os próximos capítulos abordarão a integração do PowerShell com bancos de dados, demonstrando como automatizar consultas, manipulação de dados e backup de servidores SQL.

CAPÍTULO 22. INTEGRAÇÃO DO POWERSHELL COM BANCOS DE DADOS

A automação de bancos de dados é essencial para otimizar operações, garantir segurança e reduzir o tempo necessário para gerenciamento de dados. O PowerShell permite **conectar-se a bancos de dados SQL Server, MySQL e PostgreSQL**, executar **consultas, manipular informações e automatizar backups e restaurações**, proporcionando maior eficiência na administração de dados.

Este capítulo apresenta técnicas para configurar conexões, realizar consultas e gerenciar backups, permitindo que administradores de banco de dados e desenvolvedores utilizem o PowerShell para operações avançadas.

Conexão do PowerShell com SQL Server, MySQL e PostgreSQL

O PowerShell interage com bancos de dados por meio de **ADO.NET**, utilizando provedores específicos para cada sistema.

Conectando ao SQL Server

Para estabelecer uma conexão com um banco de dados SQL Server, um objeto SqlConnection deve ser criado:

powershell

```
$servidor = "localhost"
$banco = "EmpresaDB"
$usuario = "sa"
$senha = "SenhaSegura"
```

```
$connectionString = "Server=$servidor;Database=$banco;User
Id=$usuario;Password=$senha;"
$conexao = New-Object System.Data.SqlClient.SqlConnection
$conexao.ConnectionString = $connectionString
$conexao.Open()
Write-Host "Conexão estabelecida com sucesso!"
$conexao.Close()
```

Caso o SQL Server utilize autenticação integrada, a string de conexão pode ser ajustada:

powershell

```
$connectionString = "Server=$servidor;Database=
$banco;Integrated Security=True;"
```

Conectando ao MySQL

A conexão com MySQL requer o módulo MySql.Data:

powershell

```
Install-Module -Name MySql.Data -Scope CurrentUser -Force
Import-Module MySql.Data

$servidor = "localhost"
$banco = "EmpresaDB"
$usuario = "root"
$senha = "SenhaSegura"

$connectionString = "Server=$servidor;Database=$banco;Uid=
$usuario;Pwd=$senha;"
$conexao = New-Object
MySql.Data.MySqlClient.MySqlConnection($connectionString)
$conexao.Open()
Write-Host "Conectado ao MySQL!"
$conexao.Close()
```

Conectando ao PostgreSQL

O PostgreSQL também pode ser acessado utilizando Npgsql:

powershell

```
Install-Module -Name Npgsql -Scope CurrentUser -Force
Import-Module Npgsql

$servidor = "localhost"
$banco = "EmpresaDB"
$usuario = "postgres"
$senha = "SenhaSegura"

$connectionString = "Host=$servidor;Database=
$banco;Username=$usuario;Password=$senha;"
$conexao = New-Object
Npgsql.NpgsqlConnection($connectionString)
$conexao.Open()
Write-Host "Conectado ao PostgreSQL!"
$conexao.Close()
```

Essas conexões permitem que consultas e manipulações de dados sejam realizadas diretamente pelo PowerShell.

Consultas e manipulação de dados usando scripts

As operações de leitura e manipulação de dados podem ser executadas com comandos SQL incorporados nos scripts.

Executando consultas

Para consultar dados no SQL Server:

powershell

```
$comando = $conexao.CreateCommand()
$comando.CommandText = "SELECT Nome, Cargo FROM
Funcionarios"
$leitor = $comando.ExecuteReader()
```

```
while ($leitor.Read()) {
    Write-Host "Nome: " $leitor["Nome"] " - Cargo: "
$leitor["Cargo"]
}
```

Para MySQL, a sintaxe é semelhante, alterando o objeto de conexão. No PostgreSQL, a abordagem segue o mesmo princípio.

Inserindo dados

A inserção de dados pode ser feita dinamicamente:

powershell

```
$comando.CommandText = "INSERT INTO Funcionarios
(Nome, Cargo) VALUES ('Carlos Silva', 'Analista')"
$comando.ExecuteNonQuery()
Write-Host "Registro inserido com sucesso!"
```

Atualizando e removendo registros

Para atualizar registros:

powershell

```
$comando.CommandText = "UPDATE Funcionarios SET
Cargo='Gerente' WHERE Nome='Carlos Silva'"
$comando.ExecuteNonQuery()
Write-Host "Registro atualizado!"
```

Para excluir registros:

powershell

```
$comando.CommandText = "DELETE FROM Funcionarios
WHERE Nome='Carlos Silva'"
$comando.ExecuteNonQuery()
Write-Host "Registro removido!"
```

Automação de backups e recuperação de bancos de dados

A geração de backups periódicos é essencial para evitar perda de dados. O PowerShell permite a automação desse processo para diversos bancos de dados.

Backup no SQL Server

O backup pode ser realizado diretamente via T-SQL:

powershell

```
$comando.CommandText = "BACKUP DATABASE EmpresaDB
TO DISK = 'C:\Backup\EmpresaDB.bak'"
$comando.ExecuteNonQuery()
Write-Host "Backup realizado com sucesso!"
```

Para restaurar um backup:

powershell

```
$comando.CommandText = "RESTORE DATABASE EmpresaDB
FROM DISK = 'C:\Backup\EmpresaDB.bak' WITH REPLACE"
$comando.ExecuteNonQuery()
Write-Host "Banco restaurado!"
```

Backup no MySQL

O mysqldump pode ser utilizado para gerar backups automáticos:

powershell

```
Start-Process -FilePath "C:\Program Files\MySQL\MySQL
Server\bin\mysqldump.exe" -ArgumentList "--user=root --
password=SenhaSegura --databases EmpresaDB > C:\Backup
\EmpresaDB.sql" -Wait
Write-Host "Backup do MySQL concluído!"
```

Para restaurar um banco de dados:

powershell

```
Start-Process -FilePath "C:\Program Files\MySQL\MySQL
Server\bin\mysql.exe" -ArgumentList "--user=root --
password=SenhaSegura EmpresaDB < C:\Backup
\EmpresaDB.sql" -Wait
Write-Host "Banco restaurado com sucesso!"
```

Backup no PostgreSQL

O pg_dump permite criar backups automatizados:

powershell

```
Start-Process -FilePath "C:\Program Files\PostgreSQL\bin
\pg_dump.exe" -ArgumentList "--dbname=EmpresaDB --
username=postgres --file=C:\Backup\EmpresaDB.backup" -Wait
Write-Host "Backup do PostgreSQL concluído!"
```

Para restaurar o banco de dados:

powershell

```
Start-Process -FilePath "C:\Program Files\PostgreSQL\bin
\pg_restore.exe" -ArgumentList "--dbname=EmpresaDB
--username=postgres --clean --file=C:\Backup
\EmpresaDB.backup" -Wait
Write-Host "Banco restaurado com sucesso!"
```

Erros Comuns e Soluções

Erro: "Login failed" ao conectar ao banco

Causa: Credenciais incorretas ou permissões insuficientes.

Solução: Verificar usuário, senha e permissões de acesso no banco.

Erro: "Connection timeout" ao tentar acessar o banco

Causa: Servidor de banco de dados inacessível.

Solução: Validar a conexão com:

powershell

```
Test-NetConnection -ComputerName "localhost" -Port 1433
```

Erro: "Access denied" ao tentar executar backup no MySQL

Causa: Falta de permissões para executar o mysqldump.

Solução: Conceder privilégios ao usuário:

sql

```
GRANT ALL PRIVILEGES ON EmpresaDB.* TO 'root'@'localhost';
```

Erro: "Database is in use" ao restaurar um backup

Causa: Conexões ativas impedindo a restauração.

Solução: Encerrar sessões antes de iniciar a restauração:

sql

```
ALTER DATABASE EmpresaDB SET SINGLE_USER WITH
ROLLBACK IMMEDIATE;
```

Boas práticas e aplicações reais

Automatizar a execução de backups diários para evitar perda de dados.

Criar scripts de auditoria para validar registros e identificar inconsistências.

Utilizar consultas parametrizadas para evitar SQL Injection.

Configurar logs de backup para acompanhamento e

análise de falhas.

A integração do PowerShell com bancos de dados simplifica operações, melhora a segurança e otimiza o gerenciamento de informações. A automação de consultas, manipulação de dados e backups garante controle e eficiência na administração de ambientes de banco de dados.

CAPÍTULO 23. MELHORES PRÁTICAS PARA POWERSHELL

A organização e a clareza de um script são essenciais para garantir sua manutenção e reutilização. O PowerShell, por ser amplamente utilizado em automação e administração de sistemas, exige boas práticas que otimizem seu desempenho e facilitem sua compreensão. Este capítulo apresenta **estratégias para estruturação, padronização e documentação de scripts**, além de técnicas para simplificar comandos e melhorar a legibilidade do código.

Organização de código e reutilização de funções

Um script bem estruturado evita retrabalho e reduz o risco de erros. A organização pode ser feita com **funções reutilizáveis**, modularização do código e uso adequado de variáveis.

A definição de funções facilita a reutilização do código e evita repetições desnecessárias:

powershell

```
function Get-DadosDoUsuario {
    param ($Nome)
    Get-ADUser -Filter "Name -eq '$Nome'" | Select-Object Name, EmailAddress
}
```

Chamar a função torna o código mais limpo e reutilizável:

powershell

```
Get-DadosDoUsuario -Nome "Carlos Silva"
```

O uso de **arquivos de módulo** (.psm1) permite armazenar funções reutilizáveis e carregá-las conforme necessário:

powershell

```
Import-Module C:\Scripts\ModuloPersonalizado.psm1
```

Essa abordagem assegura a modularidade do código, simplificando consideravelmente sua manutenção.

Documentação e padronização de scripts

A documentação é fundamental para que outros profissionais entendam e utilizem o script sem dificuldades. Comentários claros explicam a finalidade de cada bloco de código.

powershell

```
# Função para obter dados do usuário no Active Directory
function Get-DadosDoUsuario {
    param ($Nome)
    Get-ADUser -Filter "Name -eq '$Nome'" | Select-Object Name, EmailAddress
}
```

A padronização dos scripts facilita a leitura e reduz inconsistências. Algumas diretrizes incluem:

Nomeação clara de variáveis e funções.
Uso consistente de indentação.
Separação de código por seções bem definidas.

Estratégias para simplificar comandos complexos

A simplificação melhora o desempenho e reduz a necessidade de manutenção. O uso de Where-Object pode ser otimizado para evitar processamentos desnecessários:

Código não otimizado:

powershell

```powershell
Get-Service | Where-Object { $_.Status -eq "Running" }
```

Código otimizado:

powershell

```powershell
Get-Service -Status Running
```

O mesmo se aplica à filtragem de objetos no Active Directory:

powershell

```powershell
# Menos eficiente
Get-ADUser -Filter * | Where-Object { $_.Enabled -eq $true }

# Mais eficiente
Get-ADUser -Filter "Enabled -eq 'True'"
```

Evitar processamento excessivo reduz o tempo de execução e melhora a eficiência.

Uso de comentários eficazes e boas práticas de legibilidade

Os comentários devem ser objetivos e explicar a lógica do código, sem serem excessivos. Um bloco de cabeçalho documentando o propósito do script é recomendado:

powershell

```powershell
<#
    Script: Relatorio-Usuarios.ps1
    Objetivo: Gera um relatório de usuários ativos no Active
Directory
    Autor: Equipe de TI
    Data: 01/01/2025
#>
```

A legibilidade pode ser melhorada com **quebras de linha estratégicas e identação correta**:

Separação de blocos lógicos com espaços.

Uso de variáveis descritivas em vez de nomes genéricos.

Limitação do comprimento de linhas para evitar rolagem horizontal.

Erros Comuns e Soluções

Erro: "O script não pode ser executado devido a restrições de política"

Causa: A política de execução do PowerShell pode estar configurada para restringir scripts.

Solução: Alterar a política para permitir a execução segura:

powershell

```
Set-ExecutionPolicy RemoteSigned -Scope CurrentUser
```

Erro: "Unexpected token" ao executar um script

Causa: Problemas de sintaxe, como aspas não fechadas ou caracteres inválidos.

Solução: Verificar o código e utilizar ISE ou VS Code para destacar erros de sintaxe.

Erro: "O módulo não foi encontrado ao tentar importar funções"

Causa: Caminho do módulo incorreto ou módulo não carregado corretamente.

Solução: Garantir que o módulo esteja no diretório correto e carregá-lo explicitamente:

powershell

```
Import-Module C:\Scripts\ModuloPersonalizado.psm1
```

Boas práticas e aplicações reais

Criar scripts modulares e bem documentados.

Evitar processamento desnecessário para melhorar o desempenho.

Utilizar padrões consistentes para garantir legibilidade e manutenção.

Automatizar processos repetitivos com funções reutilizáveis.

A adoção de boas práticas na escrita de scripts PowerShell melhora sua eficiência, segurança e manutenção. Aplicando organização, documentação e otimização, os scripts tornam-se mais confiáveis e escaláveis, contribuindo para a automação inteligente de tarefas administrativas.

CAPÍTULO 24. SEGURANÇA EM SCRIPTS POWERSHELL

A segurança em scripts PowerShell é essencial para evitar exposição de credenciais, garantir o controle de permissões e prevenir vulnerabilidades em ambientes automatizados. Sem boas práticas, um script pode comprometer informações sensíveis e permitir acessos não autorizados. Este capítulo apresenta **técnicas para proteger dados, configurar permissões e aplicar políticas seguras**, garantindo a execução confiável e protegida dos scripts.

Protegendo credenciais e variáveis sensíveis

O armazenamento de senhas diretamente no código representa um risco significativo. O PowerShell oferece métodos seguros para lidar com credenciais sem expô-las em texto puro.

Uso de Secure Strings

O ConvertTo-SecureString permite armazenar senhas de forma criptografada:

powershell

```
$senhaSegura = ConvertTo-SecureString "SenhaForte123" -AsPlainText -Force
```

Essa senha pode ser utilizada com um objeto de credencial para autenticação segura:

powershell

```
$credenciais = New-Object System.Management.Automation.PSCredential ("usuario",
```

```
$senhaSegura)
```

Outra abordagem envolve **armazenamento seguro de senhas** para reutilização sem exposição:

powershell

```
Read-Host "Digite a senha" -AsSecureString | ConvertFrom-
SecureString | Out-File "C:\Seguranca\senha.txt"
```

Para utilizá-la em um script:

powershell

```
$senhaRecuperada = Get-Content "C:\Seguranca\senha.txt" |
ConvertTo-SecureString
$credenciais = New-Object
System.Management.Automation.PSCredential ("usuario",
$senhaRecuperada)
```

Práticas seguras para execução de scripts

A execução de scripts deve seguir diretrizes que garantam segurança e controle sobre as operações realizadas.

Evitar execução desnecessária de comandos elevados
Executar scripts como administrador apenas quando for indispensável.

Utilizar assinaturas digitais em scripts críticos
A assinatura digital de scripts impede alterações maliciosas. O cmdlet Set-AuthenticodeSignature pode ser utilizado:

powershell

```
$certificado = Get-ChildItem Cert:\CurrentUser\My -
CodeSigningCert
Set-AuthenticodeSignature -FilePath "C:\Scripts
\Automacao.ps1" -Certificate $certificado
```

Restringir acesso a arquivos sensíveis

Garantir que apenas usuários autorizados tenham permissões sobre scripts e dados críticos:

powershell

```
icacls "C:\Scripts\Automacao.ps1" /grant Administradores:F
```

Controle de permissões e logs de auditoria

O controle de permissões evita que scripts sejam manipulados por usuários não autorizados.

Gerenciando permissões em arquivos PowerShell

Para verificar permissões de um arquivo:

powershell

```
Get-Acl "C:\Scripts\Automacao.ps1"
```

Para conceder acesso apenas ao administrador:

powershell

```
$acl = Get-Acl "C:\Scripts\Automacao.ps1"
$regra = New-Object
System.Security.AccessControl.FileSystemAccessRule("Adminis
trador", "FullControl", "Allow")
$acl.SetAccessRule($regra)
Set-Acl -Path "C:\Scripts\Automacao.ps1" -AclObject $acl
```

Monitorando execução de scripts

O registro de execução de scripts é essencial para auditoria. Para ativar o log de execução:

powershell

```
Set-ItemProperty -Path "HKLM:\Software\Policies\Microsoft
```

\Windows\PowerShell\ScriptBlockLogging" -Name
EnableScriptBlockLogging -Value 1

Os logs podem ser analisados posteriormente para identificar execuções suspeitas:

powershell

Get-WinEvent -LogName "Microsoft-Windows-PowerShell/
Operational" | Where-Object { $_.Id -eq 4104 }

Configuração de execução de scripts com políticas seguras (Execution Policy)

O PowerShell possui políticas de execução que determinam como scripts podem ser executados. O status da política atual pode ser verificado com:

powershell

Get-ExecutionPolicy

As opções disponíveis são:

- **Restricted** – Nenhum script pode ser executado.
- **AllSigned** – Apenas scripts assinados digitalmente são permitidos.
- **RemoteSigned** – Scripts locais são executados, mas scripts remotos exigem assinatura digital.
- **Unrestricted** – Todos os scripts podem ser executados sem restrições.

Para aumentar a segurança, a política recomendada é **RemoteSigned**, evitando execução automática de scripts baixados da internet:

powershell

Set-ExecutionPolicy RemoteSigned -Scope CurrentUser

Se necessário, executar um script sem alterar a política global:

powershell

powershell.exe -ExecutionPolicy Bypass -File "C:\Scripts
\Automacao.ps1"

Como evitar vulnerabilidades em automação e administração remota

Automação remota é um ponto crítico para segurança. O **WinRM (Windows Remote Management)** permite administração remota via PowerShell, mas deve ser configurado com cautela.

Configurando acesso remoto seguro

O WinRM pode ser ativado, caso necessário:

powershell

Enable-PSRemoting -Force

O acesso pode ser restrito a grupos específicos:

powershell

Set-PSSessionConfiguration -Name Microsoft.PowerShell -
ShowSecurityDescriptorUI

Para permitir apenas conexões autenticadas, a configuração deve ser aplicada:

powershell

Set-Item WSMan:\localhost\Service\Auth\Basic -Value $false

Protegendo sessões remotas

A criação de sessões remotas deve ser feita com credenciais

seguras:

powershell

```
$credenciais = Get-Credential
Enter-PSSession -ComputerName "Servidor-Remoto" -
Credential $credenciais
```

Para encerrar uma sessão remota com segurança:

powershell

```
Exit-PSSession
```

O monitoramento de acessos remotos pode ser feito através de logs:

powershell

```
Get-WinEvent -LogName "Microsoft-Windows-PowerShell/
Operational" | Where-Object { $_.Id -eq 4103 }
```

Erros Comuns e Soluções

Erro: "Execution Policy Restricted" ao tentar executar um script

Causa: A política de execução impede scripts não assinados.

Solução: Alterar a política para RemoteSigned:

powershell

```
Set-ExecutionPolicy RemoteSigned -Scope CurrentUser
```

Erro: "Access Denied" ao tentar acessar um arquivo de log

Causa: O usuário não possui permissões suficientes.

Solução: Executar como administrador ou conceder permissões adequadas:

powershell

icacls "C:\Logs\Script.log" /grant Administradores:F

Erro: "WinRM service is not running" ao tentar iniciar uma sessão remota

Causa: O serviço de gerenciamento remoto não está ativo.

Solução: Iniciar o serviço manualmente:

powershell

Start-Service WinRM

Erro: "Invalid credentials" ao conectar remotamente

Causa: Credenciais incorretas ou falta de permissões para acesso remoto.

Solução: Criar uma credencial segura:

powershell

$credenciais = Get-Credential

Boas práticas e aplicações reais

Armazenar credenciais de forma segura, evitando exposição em texto puro.

Configurar políticas de execução restritivas para evitar execução de scripts maliciosos.

Monitorar logs de execução para detectar atividades suspeitas.

Utilizar permissões adequadas para restringir acesso a arquivos críticos.

Restringir conexões remotas a usuários autorizados e sessões autenticadas.

A aplicação de boas práticas de segurança no PowerShell reduz riscos de comprometimento de dados e evita vulnerabilidades em ambientes automatizados. A proteção de credenciais, o controle de execução e a configuração segura de administração remota garantem que scripts sejam utilizados de forma confiável, mantendo a integridade dos sistemas e dados.

CAPÍTULO 25. DEPURAÇÃO E ANÁLISE DE PERFORMANCE

A otimização de scripts PowerShell é essencial para garantir **execução eficiente, economia de recursos e manutenção simplificada**. Identificar gargalos de desempenho, utilizar logs detalhados e implementar boas práticas de depuração melhora significativamente a confiabilidade de automações e processos administrativos. Este capítulo apresenta técnicas para **monitoramento, depuração e otimização**, permitindo a execução de comandos de forma mais rápida e eficaz.

Identificação de gargalos em scripts

Scripts ineficientes podem causar **uso excessivo de CPU, consumo elevado de memória e tempos de resposta prolongados**. Identificar **pontos críticos no código** é o primeiro passo para otimização.

O Measure-Command permite avaliar a duração de comandos específicos:

powershell

```
Measure-Command { Get-Process }
```

O tempo de execução é exibido em milissegundos, ajudando a identificar quais comandos demoram mais para serem processados.

Para monitorar scripts inteiros, pode-se utilizar variáveis de tempo:

powershell

```
$inicio = Get-Date
Get-ADUser -Filter * | Select-Object Name, EmailAddress
$fim = Get-Date
Write-Host "Tempo de execução: $($fim - $inicio)"
```

A análise do tempo de execução permite ajustes estratégicos para otimizar o fluxo do script.

Uso de ferramentas internas para análise de desempenho

O PowerShell oferece ferramentas integradas para avaliar consumo de recursos e eficiência de comandos.

O Get-Process exibe **uso de CPU e memória** dos processos em execução:

powershell

```
Get-Process | Sort-Object CPU -Descending | Select-Object -First 5
```

O Get-WmiObject pode ser usado para capturar **dados detalhados do sistema**:

powershell

```
Get-WmiObject Win32_PerfFormattedData_PerfOS_Processor |
Select-Object Name, PercentProcessorTime
```

O Out-GridView facilita a análise visual dos dados:

powershell

```
Get-Process | Out-GridView
```

Essas ferramentas auxiliam na **identificação de processos que impactam a performance** do sistema.

Monitoramento da execução de scripts com Measure-Command

Avaliar **quais partes do código consomem mais tempo** permite tomar decisões para melhoria de eficiência.

Para medir o tempo de execução de um script inteiro:

powershell

```
Measure-Command { .\ScriptAutomacao.ps1 }
```

Para verificar a execução de comandos individuais:

powershell

```
Measure-Command { Get-EventLog -LogName System }
```

Se um comando apresentar **tempo elevado**, buscar alternativas mais eficientes pode reduzir o impacto no desempenho geral.

Estratégias para otimizar a performance de scripts complexos

A eficiência de um script depende do **uso inteligente de comandos, processamento paralelo e minimização de loops desnecessários**.

Evitar chamadas desnecessárias ao Where-Object:

powershell

```
# Código ineficiente
Get-Service | Where-Object { $_.Status -eq "Running" }

# Código otimizado
Get-Service -Status Running
```

Utilizar ForEach-Object -Parallel para **executar tarefas simultaneamente**:

powershell

```
$computadores = Get-Content "C:\ListaComputadores.txt"
$computadores | ForEach-Object -Parallel { Test-Connection -
ComputerName $_ -Count 1 }
```

Sempre que possível, reduzir **iterações** sobre grandes quantidades de dados. Em vez de processar todos os elementos, aplicar filtros específicos.

Comparação entre diferentes abordagens para execução eficiente

Diferentes métodos podem ser utilizados para otimizar a execução de scripts. A escolha da melhor abordagem depende do **contexto e da complexidade do código**.

O Select-Object pode ser utilizado para **evitar processamento desnecessário**:

powershell

```
# Código ineficiente
Get-ADUser -Filter * | Select-Object Name, EmailAddress, Department

# Código otimizado
Get-ADUser -Filter "Department -eq 'TI'" -Properties EmailAddress | Select-Object Name, EmailAddress
```

Evitar Write-Host excessivo reduz o tempo de execução, pois comandos de saída podem **desacelerar scripts**:

powershell

```
# Código ineficiente
ForEach ($usuario in $usuarios) {
    Write-Host "Usuário: $usuario"
}

# Código otimizado
$usuarios | Out-File "C:\Usuarios.txt"
```

A eficiência pode ser melhorada ao usar cmdlets nativos em vez de filtros manuais.

Uso de logs detalhados para depuração e rastreamento de erros

Manter logs detalhados facilita a **identificação de falhas e pontos de melhoria** no código.

O Start-Transcript registra **toda a saída do PowerShell** para análise posterior:

powershell

```
Start-Transcript -Path "C:\Logs\ScriptLog.txt" -Append
```

Para registrar mensagens específicas durante a execução:

powershell

```
"Script iniciado em: $(Get-Date)" | Out-File "C:\Logs
\Execucao.txt" -Append
```

Erros podem ser capturados e registrados automaticamente:

powershell

```
Try {
    Get-Process -Name "ProcessoInexistente"
} Catch {
    $_.Exception.Message | Out-File "C:\Logs\Erros.txt" -Append
}
```

Esses registros permitem identificar padrões de falhas e corrigir problemas rapidamente.

Erros Comuns e Soluções

Erro: "Out of Memory" ao executar um script extenso

Causa: O script consome **quantidade excessiva de memória RAM**, resultando em falha.

Solução: Reduzir **carga de processamento**, processando **dados em lotes menores**:

powershell

Get-ADUser -Filter * -ResultSetSize 1000 | Select-Object Name

Erro: "Pipeline stopped" durante a execução de um loop

Causa: Processamento de um número excessivo de objetos pode interromper a execução.

Solução: Utilizar ForEach-Object para processar itens individualmente:

powershell

Get-ADUser -Filter * | ForEach-Object { $_.Name }

Erro: "Access Denied" ao tentar capturar informações do sistema

Causa: O usuário não possui permissões suficientes para acessar os dados.

Solução: Executar o PowerShell com privilégios elevados:

powershell

Start-Process PowerShell -Verb RunAs

Erro: "Script timeout" ao aguardar resposta de um comando remoto

Causa: A execução remota pode ser interrompida por tempo limite de resposta.

Solução: Aumentar o tempo limite de conexão:

powershell

$Sessao = New-PSSession -ComputerName Servidor -Credential $credenciais -IdleTimeout 60000

Boas práticas e aplicações reais

Utilizar medição de tempo de execução para identificar gargalos e otimizar código.

Reduzir uso de loops excessivos, aplicando filtros antes do processamento.

Implementar logs detalhados para rastrear falhas e execuções anteriores.

Substituir Write-Host por métodos mais eficientes de saída.

Evitar armazenamento de grandes volumes de dados em memória, processando informações por lotes.

A otimização e depuração são fundamentais para garantir scripts ágeis, confiáveis e eficientes. Técnicas como medição de tempo de execução, redução de gargalos e processamento paralelo melhoram significativamente o desempenho. Aplicar boas práticas permite criar códigos escaláveis e seguros, reduzindo falhas e otimizando a administração de sistemas.

CAPÍTULO 26. INTEGRAÇÃO DO POWERSHELL COM OUTRAS FERRAMENTAS

A flexibilidade do PowerShell permite que ele seja integrado a diversas ferramentas e plataformas, tornando-se uma solução poderosa para automação, gerenciamento de infraestrutura e integração de sistemas. Essa capacidade expande suas aplicações para **DevOps, cloud computing, administração de servidores**, **comunicação via APIs e até mesmo a orquestração de containers**.

Este capítulo explora como o PowerShell pode ser combinado com ferramentas amplamente utilizadas no mercado, como Jenkins, Git, Ansible, APIs REST/SOAP, Docker e serviços em nuvem (AWS, Azure e Google Cloud), permitindo que profissionais de TI automatizem processos complexos de forma eficiente.

Integração do PowerShell com Ferramentas de DevOps

A automação no ciclo de vida de desenvolvimento é essencial para ambientes de DevOps. O PowerShell pode ser integrado a ferramentas como **Jenkins, Git e Ansible**, facilitando desde a **implantação de código até a configuração automatizada de servidores e aplicações**.

Automação com Jenkins

O **Jenkins** é uma das ferramentas mais populares de CI/CD (Integração Contínua e Entrega Contínua). O PowerShell pode ser usado para **executar scripts automatizados em pipelines do Jenkins**, facilitando tarefas como:

- **Implantação de aplicativos** em servidores Windows/ Linux.
- **Gerenciamento de serviços** do sistema operacional.
- **Execução de testes automatizados** antes do deploy.

Um exemplo de script para **executar um build no Jenkins via PowerShell**:

powershell

```
$JenkinsUrl = "http://servidor-jenkins:8080/job/MeuProjeto/build"
$Credenciais = Get-Credential
Invoke-RestMethod -Uri $JenkinsUrl -Method Post -Credential $Credenciais
```

Esse comando aciona a execução de um build no **Jenkins** a partir do PowerShell.

Versionamento de Código com Git

O **Git** é amplamente utilizado para controle de versões e pode ser operado via PowerShell. A seguir, um exemplo de **clonagem de repositório e commit automatizado** usando PowerShell:

powershell

```
git clone https://github.com/usuario/repositorio.git
Set-Location repositorio
git add .
git commit -m "Commit automático via PowerShell"
git push origin main
```

Com esse script, o PowerShell automatiza o versionamento do código sem necessidade de intervenção manual.

Configuração de Servidores com Ansible

O **Ansible** permite automação de configuração de servidores, sendo amplamente utilizado em infraestrutura como código. Com o PowerShell, é possível chamar o Ansible para provisionamento automatizado:

powershell

```
ansible-playbook -i inventario.yml playbook.yml
```

Facilita a administração remota e configurações padronizadas em grande escala.

Automação de Tarefas Combinando PowerShell e Python

A combinação entre PowerShell e **Python** permite criar soluções híbridas, aproveitando as vantagens de ambas as linguagens. O PowerShell pode chamar scripts Python diretamente:

powershell

```
python C:\scripts\automacao.py
```

É útil para **análise de dados, automação de tarefas administrativas e execução de scripts de inteligência artificial**.

Por outro lado, o Python também pode chamar comandos do PowerShell:

python

```
import subprocess
comando = "Get-Process"
saida = subprocess.run(["powershell", "-Command", comando],
capture_output=True, text=True)
print(saida.stdout)
```

Esse tipo de integração amplia as possibilidades de automação e gerenciamento de sistemas.

Uso do PowerShell para Comunicação via APIs REST e SOAP

A comunicação com APIs permite automação de tarefas administrativas, consulta de informações e integração com sistemas externos. O PowerShell suporta chamadas para REST APIs e serviços SOAP, permitindo que os administradores interajam com diversas plataformas.

Chamando APIs REST com PowerShell

Um exemplo de requisição para obter dados de uma API pública:

powershell

```
$URL = "https://jsonplaceholder.typicode.com/posts/1"
$Resposta = Invoke-RestMethod -Uri $URL -Method Get
Write-Output $Resposta
```

Facilita a coleta e o processamento automatizado de informações externas diretamente no PowerShell.

Automação de Serviços SOAP

Para integrar-se a **serviços SOAP**, o PowerShell pode consumir **web services**:

powershell

```
$servico = New-WebServiceProxy -Uri "http://servico.com/api?wsdl"
$dados = $servico.ObterInformacoes()
Write-Output $dados
```

Esse formato de automação é amplamente utilizado para consultas a sistemas legados e integração de dados corporativos.

Execução de Comandos Remotos e Automação Entre Múltiplos Servidores

O PowerShell permite executar comandos em servidores remotos utilizando PowerShell Remoting. Isso é útil para administrar várias máquinas simultaneamente.

Habilitando a Execução Remota

Antes de usar a automação remota, é necessário ativar o serviço:

powershell

```
Enable-PSRemoting -Force
```

Uma vez habilitado, é possível **executar comandos em servidores remotos**:

powershell

```
Invoke-Command -ComputerName Servidor01 -ScriptBlock
{ Get-Service }
```

Permite monitoramento, execução de comandos e configuração de servidores de maneira remota e eficiente.

Administração de Containers Docker com PowerShell

A administração de containers Docker pode ser automatizada com PowerShell, permitindo implantação e gerenciamento simplificados.

Instalando o Docker via PowerShell

powershell

```
Install-PackageProvider -Name NuGet -Force
Install-Module -Name DockerMsftProvider -Force
Install-Package       -Name       docker       -ProviderName
DockerMsftProvider -Force
Restart-Computer -Force
```

Após a instalação, o PowerShell pode executar containers e gerenciar imagens:

powershell

```
docker run -d -p 8080:80 --name meu_container nginx
docker ps
```

Essa abordagem facilita a **orquestração de aplicações em containers** dentro do ambiente corporativo.

Conectividade com Plataformas de Cloud Computing (AWS, Azure, Google Cloud)

A administração de infraestruturas em nuvem pode ser automatizada com PowerShell, reduzindo o tempo de configuração e execução de tarefas.

Gerenciamento de Recursos no Azure

Com o **Azure PowerShell**, é possível criar máquinas virtuais:

powershell

New-AzVM -ResourceGroupName "MeuGrupo" -Name "MinhaVM" -Location "East US"

Permite **orquestração de infraestrutura** dentro do Microsoft Azure.

Automação com AWS PowerShell

No caso da **AWS**, o PowerShell pode **gerenciar instâncias EC2**:

powershell

Start-EC2Instance -InstanceId i-1234567890abcdef0

Com esse comando, é possível ligar instâncias na nuvem automaticamente.

Google Cloud e PowerShell

A administração do Google Cloud também pode ser feita via PowerShell:

powershell

gcloud compute instances list

Essa integração facilita o gerenciamento de recursos e a automação de tarefas administrativas.

Erros Comuns e Soluções
Erro: Acesso Negado ao Executar Scripts
Solução: Alterar a política de execução com:

powershell

Set-ExecutionPolicy RemoteSigned -Scope CurrentUser

Erro: API REST Retornando Status 403 (Acesso Negado)
Solução: Verificar as credenciais e a autenticação da API.

Erro: Falha na Conexão com Servidor Remoto
Solução: Garantir que o PowerShell Remoting esteja ativado e que a comunicação entre as máquinas esteja liberada.

Boas Práticas e Aplicações Reais

Automatizar tarefas repetitivas para reduzir erros humanos.

Utilizar APIs REST para integrar o PowerShell com aplicações externas.

Gerenciar servidores remotamente para escalabilidade e eficiência.

Orquestrar containers com PowerShell para automação de ambientes Docker.

Aprimorar processos DevOps integrando PowerShell ao Jenkins, Git e Ansible.

Com essas estratégias, o PowerShell se torna um elemento fundamental na automação e administração de sistemas modernos, garantindo eficiência, segurança e flexibilidade operacional.

CONCLUSÃO FINAL

O domínio do **PowerShell** transcende a simples execução de comandos. Ele se consolidou como uma ferramenta indispensável para profissionais de TI, administradores de sistemas, engenheiros de software e especialistas em automação. Ao longo deste livro, exploramos desde os fundamentos até técnicas avançadas, permitindo que qualquer profissional amplie sua capacidade de gerenciar sistemas de forma eficiente e estratégica.

A jornada iniciou-se com a compreensão do **que é o PowerShell**, abordando sua evolução, diferenças em relação a outras shells e seus benefícios na administração de sistemas. Esse conhecimento fundamental permitiu uma visão clara sobre sua importância no ecossistema tecnológico atual. Em seguida, avançamos para a instalação e configuração em diferentes plataformas, detalhando ajustes essenciais e diferenças entre versões para garantir um ambiente funcional.

Após estabelecer essa base, exploramos a **estrutura de comandos e cmdlets**, desvendando sua sintaxe, utilização prática e a importância de parâmetros para tornar os scripts mais flexíveis. Aprofundamos a manipulação de **objetos**, um conceito essencial para extrair informações do sistema e trabalhar com dados de forma estruturada. A introdução ao uso de **variáveis e tipos de dados** complementou esse aprendizado, garantindo um entendimento sólido sobre manipulação de informações e conversões necessárias para automação.

O próximo passo foi compreender **estruturas de controle de fluxo e repetição**. A aplicação de **IF, ELSE e SWITCH** possibilitou a criação de decisões lógicas dentro dos scripts, enquanto a exploração de **loops FOR, WHILE e FOREACH** tornou viável a automação de processos repetitivos com máxima eficiência.

Ao dominar esses fundamentos, avançamos para tópicos de **administração avançada**, começando pela criação de **funções e módulos** para reutilização e organização do código. O gerenciamento de **processos e serviços** permitiu entender como controlar e automatizar a execução de aplicações no sistema. A administração de **usuários e permissões** revelou estratégias essenciais para garantir um ambiente seguro e bem estruturado. Complementando essa abordagem, exploramos a automação de tarefas com o **Agendador de Tarefas**, proporcionando maneiras eficientes de programar execuções de scripts em horários estratégicos.

A execução de **comandos remotos** expandiu ainda mais as possibilidades, permitindo administrar sistemas de forma descentralizada e otimizada. Da mesma forma, o **gerenciamento de redes** possibilitou diagnósticos avançados e a administração de configurações essenciais para um ambiente seguro e estável.

Com esse conhecimento consolidado, passamos a aplicações práticas. O desenvolvimento de **scripts para monitoramento de logs** demonstrou a importância da análise proativa de eventos do sistema. A criação de um **sistema de backup automatizado** garantiu segurança e recuperação eficiente de dados. A automação de **relatórios** possibilitou a extração de informações e exportação para diversos formatos, enquanto o **gerenciamento de logs e auditoria** trouxe práticas eficazes para monitoramento contínuo e conformidade. O **deploy automatizado de softwares** apresentou métodos práticos para instalação e gerenciamento de aplicações em larga escala. Além disso, a integração do **PowerShell com bancos de dados** proporcionou novas possibilidades para manipulação e automação de dados.

O último estágio da jornada concentrou-se em **boas práticas e otimização de código**. A organização e reutilização de funções garantiram scripts bem estruturados e fáceis de manter. A segurança foi um fator central, com diretrizes essenciais para proteção de credenciais e execução segura de automações. A análise de **performance e depuração** viabilizou a otimização de scripts, eliminando gargalos e melhorando a eficiência. Por fim, a **integração do PowerShell com ferramentas externas**, como **Jenkins, Git, Ansible, APIs REST e Cloud Computing**, expandiu significativamente o potencial de automação, conectando o PowerShell a tecnologias estratégicas do mercado.

A conclusão desta obra marca apenas o início de uma jornada contínua de aprendizado e aprimoramento. O PowerShell é uma ferramenta viva, em constante evolução, e aqueles que dominam seu potencial se destacam em um cenário tecnológico cada vez mais dinâmico.

Agradecemos a todos os leitores que se dedicaram a explorar este material. Esperamos que cada conceito, técnica e aplicação apresentada aqui se torne um diferencial prático em sua rotina profissional. Continue explorando, automatizando e aprimorando suas habilidades. O conhecimento adquirido não apenas tornará seu trabalho mais eficiente, mas também abrirá portas para novas oportunidades e desafios na área de TI.

Sucesso na sua jornada e até a próxima obra!

Diego Rodrigues & Equipe

www.ingramcontent.com/pod-product-compliance
Lightning Source LLC
LaVergne TN
LVHW022314060326
832902LV00020B/3453